BIBLIOTHÈQUE SPÉCIALE DE LA SOCIÉTÉ

DES

AUTEURS ET COMPOSITEURS DRAMATIQUES


# JEANNE LA ROUSSE

### DRAME EN CINQ ACTES

PAR

## ÉDOUARD BAUBY

## PARIS

### E. DENTU, ÉDITEUR

*Libraire de la Société des Auteurs et Compositeurs dramatiques*
*et de*
*la Société des Gens de Lettres*

PALAIS-ROYAL, 17 ET 19, GALERIE D'ORLÉANS

1871

# JEANNE LA ROUSSE

# JEANNE LA ROUSSE

DRAME EN CINQ ACTES

PAR

## ÉDOUARD BAUBY

Représenté pour la première fois, à Paris, sur le théâtre de
l'Ambigu-Comique, le 11 septembre 1871

PARIS

E. DENTU, ÉDITEUR

*Libraire de la Société des Auteurs et Compositeurs dramatiques*
et de
*la Société des Gens de Lettres*

PALAIS-ROYAL, 17 ET 19, GALERIE D'ORLÉANS

1871

*Tous droits réservés*

Paris. — Typ. Alcan-Lévy, 61, rue de Lafayette.

# A

## MADAME THIERS

*Présidente de l'Œuvre des Orphelins de la Guerre*

Il est beau, quand la patrie est en danger, de voir tous les partis se confondre
pour concourir au salut de la nation.

*Jeanne la Rousse,* acte V, scène XII.

# JEANNE LA ROUSSE

# PERSONNAGES.

—

| | |
|---|---|
| GÉROME. . . . . . . . . . . . . . . . . . | MM. Régnier. |
| Le Chevalier RENÉ D'AUROUX DE GUÉ-BRIAC . . . . . . . . . | Montlouis. |
| ARISTIDE DESTOURNELLES. . . | Laclaindière. |
| PIERQUIN. . . . . . . . . . . . . . . . | Mangin. |
| Le Duc VENDOME DE CLER-GYMONT-SOMBREUSE. . . . . | Henri Roze. |
| GÉROME, le père. . . . . . . . . . . | Arondel. |
| NOEL, son intendant. . . . . . . . . | Desormes. |
| SYLVAIN . . . . . . . . . . . . . . . | M<sup>lle</sup> Léonie Gobert. |
| BENOIT, garçon de ferme . . . . . . | MM. Montbars. |
| BLAISE. — LA BRICOLE . . . . . . | Helt. |
| SIMON . . . . . . . . . . . . . . . . . | Verdier. |
| THOMAS GRÉDELUE.—AGÉSILAS | Paul Albert. |
| VINCENT . . . . . . . . . . . . . . . . | Alcime. |
| GROS-PIERRE. . . . . . . . . . . . | Paul. |
| Un Courrier . . . . . . . . . . . . . . | Léon Lamy. |
| JEANNE LA ROUSSE . . . . . . . . | M<sup>mes</sup> Dica Petit. |
| LA MAIGRIOTTE. . . . . . . . . . | Élise Beaujard. |
| FANCHON . . . . . . . . . . . . | Marie Leroux. |
| La mère Ramonne. . . . . . . . . . . | Clara. |

Garçons et filles de ferme, fermiers, paysans, paysannes.
Escorte du Conventionnel.

*L'action se passe en France, de 1792 à 1794.*
*A Paris, au troisième acte en Normandie pour le reste de la pièce.*

# JEANNE LA ROUSSE

## ACTE PREMIER

La cour de la ferme de Gérôme. Entrée principale au fond qui est fermé par une haie ou clôture à hauteur d'appui. A droite, au troisième plan, un escalier muni d'une rampe et formant un coude, conduit à un grenier à fourrages. A une ouverture de ce grenier et tout en haut, une poulie, autour de laquelle est enroulée une corde qui sert à monter les bottes de foin. A gauche, même plan, une porte latérale. Au milieu du théâtre, un puits; devant le puits, un banc, une table, deux siéges de bois. Au dehors, une charrette chargée de foin. Issue de chaque côté. Horizon de campagne.

## SCÈNE PREMIERE

### FANCHON, BLAISE,

*Garçons de ferme occupés à rentrer des bottes de foin qu'ils enlèvent de la charrette et montent ensuite au grenier, les uns à l'aide de la poulie, les autres en gravissant les marches de l'escalier. Les servantes plient le linge étendu sur la margelle du puits.*

FANCHON,
*assise à la table, occupée à inscrire le linge que compte une des servantes.*

Allez vite en besogne, les gars... Il ne reste plus que la charrette à décharger et ce restant de foin à monter au grenier. (*Aux servantes.*) Et vous autres, au balai ! Il faut que tout soit propre ici, quand le maître va venir.

1

BLAISE.

*S'approchant, une fourche sur l'épaule.*

Et lequel c'est-il, de nos maîtres, Fanchon? car depuis que l' fils est à la ferme, c'est quasiment lui qui commande ici, puisque c'est lui qui parle le plus haut.

FANCHON,

*chatouillant de la barbe de sa plume le nez de Blaise, penché sur elle.*

Ce n'est ni du père, qui est toujours bon et endurant, ni du fils qui vous a des colères terribles qu'il s'agit, mais de M. le duc en personne.

BLAISE.

Ah! ben... faut qu'il y ait du nouveau, car on ne le voit pas souvent à la ferme.

FANCHON.

En voilà un qu'on peut en dire que c'est la crème des seigneurs. Aussi, faut pas lambiner, afin qu'à son arrivée tout soit ici reluisant et propre comme un carreau d'église.

*Ils ont repris leurs travaux.*

## SCÈNE DEUXIÈME

Les Mêmes, SYLVAIN.

FANCHON,

*se levant à l'entrée de Sylvain.*

Ah! te v'là, p'tit Sylvain. Toi qu'es un malin, tu vas me dire si je m'ai point trompée.

SYLVAIN.

Il s'agit bien de cela! Qu'est-ce que j'apprends, Fanchon, M. le duc va venir à la ferme?

FANCHON.

Mais oui, qu'il va venir, M. le duc... Ah! il n'y a que mon pauvre Benoit qui ne vient pas, lui! Il ne manquait point de garçons pourtant, ici, et on pouvait bien en envoyer un autre dans ce grand vilain Paris. Mais non! c'est une idée de M. Gérôme... le fils! oui, le

fils!... Car c' n'est pas son brave homme de père qui
aurait séparé un amoureux de sa promise.
*Elle essuie ses yeux avec son tablier.*

SYLVAIN.

Voyons, petite Fanchon, ne te désole pas ainsi... On
te le rendra, ton Benoit. Et puis, est-on perdu pour être
allé à Paris?

FANCHON.

On dit que les femmes y sont si enjôleuses !

SYLVAIN.

Tiens! j'aurais bien voulu y aller à sa place... Mais
le vieux Pierquin ne m'aurait point laissé partir... Qui
donc lui tiendrait ses écritures, lui ferait ses comptes,
et de fameux, va! à ce vieux qui ne sait point seulement signer son nom? Allons, ne pleure pas. Il revien-
dra, ton Benoit, et puis, s'il ne revenait pas, dame! il
y en a ici plus de dix qui le remplaceraient, et avec
plaisir encore !
*Les valets de ferme ont achevé leur ouvrage et son
sortis par le fond, en emmenant la carriole vide.*

FANCHON, *le repoussant.*

Je n'en veux qu'un, et c'est celui-là. Mais ils me l'ont
pris... ils me l'ont tué, peut-être... Quand je pense que
quèque fois, j'lui f'sais des niches, histoire de rire; je
le tirais par l'oreille, par sa tignasse rougeaude... Eh
ben! j' m'en veux à c' t'heure... J'étais un mauvais
cœur, je suis punie. Mon pauvre Benoit, je n' te verrai
donc plus !
*Bruit au dehors.*

SYLVAIN, *prêtant l'oreille.*

Eh ! qu'est-ce qui se passe là dehors? (*A Fanchon.*)
Ne geins donc pas comme ça, tu m'empêches d'entendre.

FANCHON.

Quoi qu'il y a ?

SYLVAIN, *qui est remonté, du fond.*

Je ne vois rien... qu'un nuage de poussière... Ah !...

un cheval... et le cavalier...! Attends un peu... le cavalier...(*Il fait quelques pas au dehors puis revient précipitamment.*) Hé!... Fanchon, c'est lui, c'est Benoit!...

   ' FANCHON, *passant des larmes à un rire comique.*

C'est-il possible!... Ça serait lui! ah! v'là que je
n' sens plus mes jambes.

## SCÈNE TROISIÈME

FANCHON *à gauche.* BENOIT *arrivant par le fond avec*
SYLVAIN *et* BLAISE, *précédé de plusieurs garçons de
ferme et des servantes.*

TOUS.

V'là Benoit! Le v'là ! c'est lui!...

BENOIT.

Eh, ben, oui, me v'la, moi! (*Donnant des poignées de
main.*) Et autrement, ça va toujours bien, vous autres?

TOUS.

Eh! oui... toujours...

BENOIT.

Les garçons... les filles... la ferme au grand complet,
quoi!... Rien de changé... et le p'tit Sylvain, la coqueluche!... pas changé non plus, lui! toujours fourré
dans les cotillons. Ah! farceur, va!

SYLVAIN.

Tiens, c'est si gentil, les femmes !

FANCHON.

On n' dit donc rien à sa p'tite Fanchon?

BENOIT.

Hé!... Fanchon, ma petite Fanchette! Je ne t'avais
pas dévisagée. (*Il l'embrasse.*) Pardon excuse, citoyenne.

FANCHON, *avec étonnement.*

Citoyenne !... qué qu' c'est que c' nom-là? On n'est
donc plus la petite Fanchon à son Benoit?

BENOIT.

Benoit!... D'abord, vous saurez tous et chacun de vous, que je ne m'appelle plus de c' vilain nom-là, qu'est de l'ancien régime.

TOUS.

Bah !

BENOIT, *d'un air important.*

Oui, oui, on m'en a donné un qu'est autrement... autrement... *(Il cherche une expression qu'il ne trouve pas et achève brusquement.)* Autrement, quoi!... Je m' nomme à c't'heure Spartacus !

FANCHON.

Qué qu' c'est que c' saint-là ?

BENOIT.

C'est un ancien qui, dans les temps, a comme qui dirait sauvé la patrie.

SYLVAIN.

Oui, oui, c'est bon, je connais.

BENOIT.

Tu vois, il connaît, lui ! C'est un garçon éduqué. — Ah ! farceur, va !

FANCHON.

J'ai point vu c' nom-là su' l' calenderier, tout de même.

BENOIT.

T'es bête, Fanchon ; c'est l' calenderier des vrais patriotes et des vrais sans-culottes, dont que j' suis.

FANCHON, *éclatant de rire.*

T'es sans culotte, toi ! Ah ! ah ! ah ! mon pauv' Benoit, j' crois qu' t'as r'çu quéqu' part, en passant, un fameux coup de marteau.

BLAISE.

Voyons, Fanchon, ne l'asticote point... nous n' saurons rien.

SYLVAIN.

C'est vrai, laisse-le parler... Il faut qu'il nous dise ce qu'il a fait, ce qu'il a vu dans ce grand vilain Paris, qu'on dit si beau.

BENOIT.

Oh! pour grand, on peut l' dire. Des rues qui n' s'arrêtent point; des maisons qui n'en finissent plus et des portes si hautes, si hautes, comme la porte Denis, par exemple !

FANCHON.

Quoi!... Denis, l' père Denis d' là à côté ?

BENOIT.

Mais non ! la porte Denis, la porte Martin, à Paris... qu'elles sont si hautes que l'église de not' village pourrait passer dessous, avec son clocher, et sans se baisser encore ! Pour ce que j'y ai vu, je peux bien vous conter ça; mais pour ce que j'y ai fait, motus ! comme dit le maître d'école, faut pas que j'ouvre la bouche.

FANCHON.

Tiens ! et pourquoi donc ?

BENOIT.

Dame! c'est qu'il s'agit d'affaires conséquentes pour le compte du père Gérôme, not' maître et... (*baissant la voix*), et surtout de son fils, qu'est ben autrement... autrement, autrement, quoi !

## SCÈNE QUATRIÈME.

Les Mêmes, le PÈRE GÉROME *entrant par le fond.*

LE PÈRE GÉROME.

Allons, mes enfants, retournons à l'ouvrage... Faut se mettre à faucher la pièce qui longe la rivière et rentrer le foin qui est en petites meules. Toi, Fanchon, va quérir mon fils et lui dire qu'il m'attende ici.

FANCHON.

On y va tout dret, not' maître. (*Bas à Benoit.*) Tu m'
retrouveras dans l' verger.

BENOIT, *bas.*

On ira, Fanchon, on ira.

> *Elle entre à gauche par la porte du troisième plan,
> Sylvain va pour la suivre, Benoit l'arrête par le bras
> et lui indique la porte du fond par où sortent les va-
> lets de ferme.*

BENOIT.

Eh ! petit Sylvain ! c' n'est point ta route par là...
v'là ton chemin. En v'là un enragé... toujours derrière
une jupe !

## SCÈNE CINQUIÈME

LE PÈRE GÉROME, BENOIT.

LE PÈRE GÉROME.

Eh bien, mon garçon, ton voyage s'est-il bien passé ?

BENOIT.

Oh ! très bien, citoyen Gérôme.

LE PÈRE GÉROME.

Citoyen !... Je t'ai recueilli tout enfant dans la ferme
et, depuis ce temps, je ne t'ai appris à m'appeler que
d'un nom... d'où vient qu'à cette heure tu m'appelles
d'un autre ?

BENOIT.

Excusez-moi, maître Gérôme, c'est la coutume à Paris, d'où j'arrive, et...

LE PÈRE GÉROME.

Prends-y garde, Benoit ! Je t'avais en affection et je
comptais te garder de toute ma vivance à la ferme ;
mais si tu n'es revenu de Paris que pour nous en rap-
porter les coutumes de révolte, tu peux t'en retourner,
mon garçon ; je ne te retiens pas.

BENOIT.

Faut me pardonner, maître Gérôme, je n'ai point
songé que ce mot-là vous pourrait faire de la peine.

LE PÈRE GÉROME.

C'est bon. Je sais que tu n'es point un mauvais gars;
mais tu pourrais faire du mal dans le pays... La mauvaise graine, ça lève facilement, et il n'y en a déjà que
trop... (*A part.*) Bref, tu apportes les dépêches, pas
vrai ?

BENOIT,

*tirant des poches de sa veste deux paquets, il donne l'un au
père Gérôme, et cache l'autre précipitamment.*

Voilà, not' maître.

LE PÈRE GÉROME, *prenant les dépêches.*

Et cet autre paquet que tu remets dans ta poche ?

BENOIT, *troublé.*

Ça... ça, c'est à moi, not' maître.

LE PÈRE GÉROME.

Je ne te demande rien de tes affaires ; mais j'aurai
l'œil sur toi. Toutes ces dépêches sont pour monseigneur, et je vais les lui faire remettre. Veille à ce qu'à
mon retour je trouve ici mon fils.

BENOIT.

Oui, maître Gérôme.

## SCÈNE SIXIÈME.

BENOIT, *puis* GÉROME FILS, *puis* PIERQUIN.

BENOIT.

C'est un brave homme... un très brave homme...
mais du côté de la politique, il n'y a pas plus arriéré.
C'est plus royaliste que le roi, ces vieux! Ah! ben,
j'aurais fini d'user ma dernière paire de souliers dans
la ferme, s'il savait qu'en allant à Paris pour le duc,
je faisais en même temps les affaires de son fils.

GÉROME FILS.

Enfin, te voici de retour, toi! Eh bien !

BENOIT.

Voilà pour vous, not' maître.

GÉROME FILS.

Maître ! Est-ce à Paris qu'on t'a enseigné à parler de
la sorte ?

BENOIT.

Ah ! bon ! à vous faut dire : Citoyen... Dame ! tout à
l'heure, c'était autrement. Citoyen à l'un, maître à
l'autre... on s'embrouille.

GÉROME,

*après avoir parcouru les dépêches que lui a remises Benoit.*

Nos frères de Paris comptent sur notre patriotisme...
Un commissaire de la Convention nationale est en route
pour se rendre ici. Tout va bien.

PIERQUIN, *du fond, côté droit.*

Psitt ! psitt !... On peut entrer ?

*Il regarde autour de lui.*

BENOIT.

Ah ! le vieux Pierquin. En voilà un qui n'est pas
dans les papiers du père Gérôme.

GÉROME.

Eh bien ! avance, puisque tu es là !

BENOIT.

Je vas prévenir vot' père que vous êtes rentré.

GÉROME.

Oui, et bouche close sur ce que tu as fait pour moi
dans Paris, tu m'entends ?

BENOIT.

Un vrai cadenas, citoyen. (*S'en allant.*) Et j'irai
retrouver Fanchon après.

## SCÈNE SEPTIÈME.

### GÉROME, PIERQUIN.

PIERQUIN.

Qué qu'y t' veut, ton père ? Il y a donc encore de la
brouille entre vous ? D'où qu' ça vient ?

1.

GÉROME.

Tu sais bien... Toujours ses idées au sujet de la noblesse.

PIERQUIN.

L'ancien régime... les ci-devant! pitié! (*Il accompagne chaque fois ce mot d'un geste qui lui est familier.*) Eh ben, voyons, c'te duc est-il arrivé?

GÉROME.

Pas encore, mais il ne peut pas tarder à venir, et j'ai promis à mon père que tant qu'il serait sous son toit, il serait en sûreté.

PIERQUIN.

T'as promis ça, toi? ah! ça, est-ce que tu mollis?

GÉROME, *haussant les épaules.*

Vas-tu douter de moi, à cette heure? Tu connais bien mes principes, mes opinions, n'est-ce pas? Pour lors, tais-toi.

PIERQUIN.

Tais-toi, tais-toi... C'est bientôt dit, mais si je n'en veux plus, moi, d' ton duc! J'ai-t-il promis quéqu' chose, moi? Non, par ainsi...

GÉROME.

Ah! fais ce que tu voudras!

PIERQUIN.

C' que j' voudrai?... v'là qu'est dit. (*Le prenant par le bras et lui présentant un billet.*) Tiens, lis-moi voir un peu c' qu'y a sur c't'écrit... Je reconnais ben la griffe pour être celle au p'tit ci-devant, le chevalier de Gué-Briac; mais pour c' qu'est d'lire c' qui m'écrit, c' n'est point m'n'affaire. Quoi qu'il m'veut, c' mirliflor?

GÉROME.

Le chevalier de Gué-Briac vous demande dix mille livres dont il a besoin aujourd'hui même, et qu'il viendra chercher ce matin.

PIERQUIN.

Hé! hé! hé! dix mille livres... la somme est consé-
quente.

GÉROME,

*en lui rendant la lettre et tout en l'observant.*

Il ne faut pas négliger ces connaissances-là, Pierquin. On ne peut pas savoir...

PIERQUIN.

Ah ! tu m' comprends, toi... t'es finaud.

GÉROME.

Mais tu n'es point homme à donner de l'argent comme ça, sans garantie... Sur quoi lui prêtes-tu la somme ?

PIERQUIN.

Su' quoi ? su' ses biens, su' l' château, su' les prés, su' les bois.

GÉROME, *d'un air incrédule.*

Heu !... m'est avis que tu as quelque autre raison, et que ce n'est point rien que sur la garantie de ses domaines, que tu tires de ta poche tes vieux écus rognés.

PIERQUIN.

Eh bé !... oui, là... j'ons d's idées su' li.

GÉROME.

Allons donc !... si tu es cachottier, je suis perspicace, moi. Il paraît qu'on le voit plus souvent qu'il ne conviendrait avec la Jeanne, ta nièce... Et je comprends... C'est-il ça, voyons ?

PIERQUIN.

P't'êtr' oui... p't'êtr' non.

GÉROME.

La Rousse est riche. Et quand il se verra gueux comme Job, car je m'en rapporte à toi pour le mettre sur le fumier, il épousera ta nièce, dont tu es en même temps le tuteur, sans compter la dot, ce qui fera bien ton affaire. Allons, tu vois bien que je t'ai pénétré.

*Il le repousse familièrement.*

PIERQUIN,

*haussant les épaules et avec un ricanement.*

T' m'as pénétré... toi !.. hé ! hé ! hé ! Pitié ! Chercher des épouseux à la Jeanne... Ah ! v'là ben d' quoi tracasser ma pauv' cervelle ! Avoir un ci-devant dans la famille ! Ah ! nom d'un corcodile ! T'as trouvé ça, toi !... Finalement, t'ai-je t'y pas engagé ma parole ? Tiens, puisque t'es si défiant, tu n' sauras rien, vaurien.

GÉROME.

Eh bien ! je suis moins discret, moi, et je vas te donner un bon conseil : c'est de ne pas flâner ici, car le père Gérôme peut y venir à tout instant, et s'il te voit chez nous, ton compte est bon, je ne te dis que ça.

PIERQUIN.

Hé ! hé ! hé ! J' crois plutôt qu' c'est l' sien. Tout individu qu'aura caché chez lui un aristocrate sera mis en accusation, mon garçon... V'là c' qui vient d'être décrété... Puisque tu t' fais donneux d'avis, tâche que ton père profite de celui-là. J' te le baille gratis.

GÉROME, *avec emportement.*

C'est donc toi qui le dénoncerais !

PIERQUIN.

N' te tourmente pas. Il n' manque point d' bonnes gens pour faire la besogne.

GÉROME,
*le saisissant au collet des deux mains.*

Regarde-moi bien, Pierquin. Non point de ton regard en dessous, mais là, dans les yeux, comme font les honnêtes gens, si tant est que la chose te soit possible. Tu me connais ; tu sais que je me ferais hacher par morceaux pour la défense de nos droits, mais pour ce qui est de mon père, un brave homme qui n'a qu'un tort, ses préjugés sur les nobles, je te briserai les os si tu es cause qu'il lui arrive malheur.

*Il le repousse à quelques pas violemment.*

PIERQUIN.

Eh bé !... finis donc...(*hypocritement.*) Tu sais ben que je n' lui veux point d' mal, à c' t'homme.

GÉROME, *qui est remonté.*

Alors, tâche de voir plus loin, car voici le père Gérôme qui vient de ce côté... Allons, sauve-toi de l'autre. Si tu as besoin de me parler, je serai dans ma chambre, tu sais le chemin par le verger !...

PIERQUIN.

Par le verger ! Oui, c'est lui !... Par le verger.

*Il se heurte, dans son trouble, contre la clôture, et se sauve ensuite par la gauche.*

## SCÈNE HUITIÈME

GÉROME, puis le père GÉROME.

GÉROME.

Le voici; chaque jour plus sombre, plus accablé... Pauvre père ! pourquoi faut-il que le triomphe des idées nouvelles, qui fait ma joie, mon orgueil, soit pour ce vieillard un douloureux déchirement. Vous avez désiré me parler, mon père ?

LE PÈRE GÉROME, venant de la droite.

Oui, mon fils, sieds-toi. Ce que j'ai à te dire est chose grave et il convient que tu m'écoutes religieusement.

*Le père est assis à la table, son fils sur une chaise à l'extrémité droite.*

GÉROME.

Parlez, mon père.

LE PÈRE GÉROME.

Tu sais ce qui se passe autour de nous... On insulte nos seigneurs; on ose menacer notre roi; la religion elle-même n'est pas épargnée. On cherche enfin à renverser ce que nos pères ont aimé et vénéré si longtemps, ce que moi-même je t'ai appris à chérir et à respecter. Je te le dis, Gérôme, nous vivons à une époque terrible.

GÉROME.

Terrible, mais féconde !

LE PÈRE GÉROME.

C'est donc vrai, ce que l'on m'avait dit, et c'est là le langage de mon fils.

GÉROME.

Vous connaissez mes idées là-dessus, mon père...
Pour ce qui est de ma soumission et de ma déférence
envers vous, je n'y manquerai jamais. Quant à regret-
ter le passé, quant à ne pas saluer l'aurore qui se lève,
ne l'exigez pas de moi; en cela, nous ne pourrions
plus nous entendre.

LE PÈRE GÉROME.

Malheur sur nous, si les fils ne sont plus en com-
munion d'idées et de croyance avec leurs pères!
Malheur sur les serviteurs ingrats qui se révoltent
contre leurs seigneurs!

GÉROME, *debout*.

N'avons-nous pas assez longtemps courbé le front
sous le joug de ces hommes, que le hasard de la
naissance a seul placés au-dessus de nous.

LE PÈRE GÉROME,
*debout derrière la table, tenant la main droite de son fils.*

Voilà de mauvaises paroles, mon fils, et qui font
bien du mal à ton père. Défie-toi des mauvais conseils,
Gérôme. Je n'ignore pas que, depuis un temps, on voit
le vieux Pierquin venir à la ferme plus souvent que
je ne lui en donne licence; je n'ignore point non plus
qu'il est affilié à je ne sais quelle bande de brigands.
Aussi, je lui ai signifié son congé, et je ne lui conseille
point, moi présent, de repasser le seuil de cette porte.

GÉROME.

Vous vous trompez, mon père, et d'ailleurs je n'ai
nul besoin des avis de Pierquin pour régler ma conduite.

LE PÈRE GÉROME.

Ce n'est point pour te parler de cet homme que je
t'ai fait venir ici, mais pour te rappeler tout ce que
nous devons à la bonté de notre maître, avant que
M. le duc n'arrive à la ferme.

GÉROME.

Ah! le duc est ici! (*A part.*) Pierquin avait raison.

LE PÈRE GÉROME,
*qui est allé prendre une chaise à droite et s'asseyant.*

Lorsque nous sommes venus dans le pays, moi et ta mère, qui te portait dans ses bras, nous étions sans ressources, sans asile, sans pain; on nous avait dit qu'on avait besoin de monde au château, et là-dessus, nous étions partis... Faut croire que, quoique pauvres, nous portions l'honnêteté sur le visage, car M. le duc nous confia l'une de ses fermes, et plus tard, voyant que nous ne manquions ni de courage, ni de probité, quand la récolte était mauvaise, il nous tenait quittes du fermage et des taxes.

GÉROME.

Je sais, mon père.

LE PÈRE GÉROME.

Au bout de dix ans, à force de travail et de persévérance, notre ferme était la mieux tenue et la plus productive de tout le bailliage. Ce fut dans ce temps-là que ma pauvre femme devint mère une seconde fois et, comme si le bon Dieu voulait nous bénir tous en même temps, madame la duchesse mit au monde une petite fille. Ta mère fut sa nourrice, et comme au bout de quelques mois, la chère enfant grandissait en force et en beauté, pour prix de ses soins, M. le duc nous fit don de la ferme... Voilà ce qu'il a fait pour nous, Gérôme. Après nous avoir tirés de la misère, il nous a donné la richesse.

GÉROME, *se levant.*

Je lui rends grâces, mon père; mais en démolissant la Bastille, les Français de 89 n'ont pas seulement renversé un édifice : ils ont détruit la féodalité. Chaque grille, chaque barreau, chacune de ses pierres, en tombant, a, dans sa chute, entraîné avec elle un privilége — et la redoutable prison d'Etat a écrasé, en s'écroulant, les derniers vestiges du despotisme et de la tyrannie.

LE PÈRE GÉROME, *se levant.*

Pas un mot de plus, Gérôme, pas un mot de plus ou je te croirai toi-même enrôlé dans ces hordes criminelles.

GÉROME.

Mon père, la cause de la liberté est notre cause commune, et la patrie appelle tous ses enfants.

LE PÈRE GÉROME,
*s'asseyant sur la chaise de son fils, accoudé sur la table.*

Malheureux!... Oublies-tu donc que le duc est notre bienfaiteur ?

GÉROME,
*venant à la table, la main appuyée dessus, après avoir jeté un regard à l'extérieur.*

C'est parce que je m'en souviens que je vous avertis. Si vous avez quelque empire sur lui, engagez-le à s'éloigner, à quitter le pays, à quitter la France, ou enfin à se cacher si loin et si bien, qu'on ne découvre même pas ses traces. Mais qu'il se hâte, car je crains que déjà la fuite ne soit plus possible.

*Il remonte et regarde au dehors.*

LE PÈRE GÉROME.

La fuite ! Mais toute la contrée ne lui appartient-elle pas ?... Si loin que s'étendent nos regards, n'est-il pas dans ses domaines ? Ne sommes-nous pas tous ses serviteurs, et, s'il court quelque péril, n'est-il pas de notre devoir de nous serrer autour de lui et de lui faire, au besoin, un rempart de notre corps ?...

GÉROME,
*qui était remonté, revenant derrière son père, la main droite sur son épaule.*

Vous lutteriez en vain. Croyez-moi, ne vous exposez point à d'inutiles dangers... Gardez en silence la mémoire de vos anciens maîtres, demeurez fidèle au souvenir du passé, soit! Mais n'essayez pas d'arrêter en chemin ceux qui sont altérés de liberté et se sont mis en marche vers la lumière, vers la civilisation !

LE PÈRE GÉROME, *se levant et sur place.*

Ah! Seigneur! Est-ce pour entendre un pareil langage que vous m'avez fait vivre tant d'années ! Et c'est mon fils...mon fils !... qui parle de la sorte!... (*Avec des larmes.*) Ah! ta pauvre mère a bien fait de s'en aller, et Dieu est bon de l'avoir rappelée à lui dans l'ignorance de ces choses, car tant d'ingratitude l'aurait tuée !...

*Il se couvre le visage de ses mains.*

GÉROME.

Mon père!

LE PÈRE GÉROME, *avec des larmes.*

Tais-toi... tais-toi !... je ne veux plus entendre tes blasphèmes... (*Revenant, avec autorité.*) Plus qu'un mot. M. le duc va venir tantôt à la ferme... Je suis ton père, et ici, je suis le maître. J'ai donc deux fois le droit de commander. Eh bien! au nom de cette double autorité, je t'enjoins de le respecter comme ton seigneur et de lui obéir comme à Dieu.

*Il s'éloigne lentement.*

GÉROME.

Mon père, si je vous dois la vie, je me dois tout entier à ma mère... à ma mère, qui est la patrie !

FIN DU PREMIER ACTE

# ACTE DEUXIÈME

Un intérieur chez le père Gérôme. Porte au fond et au premier plan de gauche. Du même côté, une table et des siéges. A droite, au fond, un escalier dont les balustres épais et serrés dérobent les gens qui s'y engagent à la vue des personnages en scène et dont la partie supérieure, formant retour, se prolonge au dehors de la scène. Sur la table, un encrier, une boîte à ouvrage contenant du fil, des aiguilles et des ciseaux.

—

## SCÈNE PREMIÈRE

### SYLVAIN , FANCHON.

*Sylvain du côté gauche de la table, sur laquelle, tout en se tenant debout, il appuie ses coudes ; Fanchon assise en face de lui et occupée à des travaux de couture.*

#### SYLVAIN.

Mais oui, chaque jour, en quittant l'étude, où je travaille, où je suis clerc, je vais chez le vieux Pierquin passer une heure, parfois deux, à mettre en ordre ses comptes de fermage. Oh ! il n'y regarde pas de si près, lui, quand il s'agit de me faire travailler une heure ou deux de plus, sans me payer davantage, par exemple.

#### FANCHON.

Eh bien, comment ça se fait que te v'là ici, à présent?

#### SYLVAIN.

Comment? C'est que tout à l'heure, et comme j'y allais, je l'ai aperçu tout au loin qui causait avec des gens du pays. Alors, je me suis dit...

#### FANCHON.

Tu t'es dit?...

SYLVAIN.

Puisque le patron n'est pas chez lui, ce n'est point la peine que j'y sois, moi. Et, tout courant, je suis venu ici, où j'ai pensé que Fanchon me verrait sans déplaisir.

*Il est venu derrière elle.*

FANCHON.

T'as pensé ça, petit Sylvain. Voyez voir c'te malice...

SYLVAIN.

Pour moi, je te vois toujours. Sans cesse, je t'ai devant les yeux. Il faut que je te dise ce qui m'arrive parfois à l'étude. Imagine-toi une vieille salle obscure et froide comme un presbytère. Partout, de vieux papiers, des cartons poudreux, des parchemins jaunis. A droite et à gauche, les tables des clercs ; au fond, plus élevé d'une marche, le bureau vermoulu du tabellion. Les rideaux sont toujours tirés et la salle est sombre ; jamais on n'ouvre les fenêtres et ça sent le renfermé.

Mais, bah ! quand je pense à toi, tout se métamorphose, comme dans un rêve. Les tables disparaissent et font place à des gazons fleuris. Les vieilles archives répandent de délicieuses odeurs. Un gai rayon de soleil pénètre à travers les vitraux dans la salle éblouie. Tu m'apparais alors, radieuse de jeunesse et de fraîcheur, et moi, je te conduis par la main jusqu'au pupitre du maître, qui se transforme en trône pour faire honneur à ta beauté !... Et voilà mon rêve, Fanchon, aussitôt que je pense à toi !

FANCHON,
*en lui donnant du revers de la main sur sa joue.*

Ah ! quel enjôleur tu feras, toi, quand t'auras seulement grandi de quelques pouces !

SYLVAIN.

Pourquoi attendre que j'aie grandi, Fanchon, puisque les hommes se font tout petits auprès des femmes

et que, pour les mieux adorer, ils se mettent devant
elles à genoux ?

## SCÈNE II

### LES MÊMES, PIERQUIN.

PIERQUIN, *entrant par le fond.*
Eh bé ! qu'est-ce que je vois là ?

SYLVAIN,
*se relevant vivement et se plaçant devant Fanchon, à qui
il tourne le dos.*
Ah ! mon Dieu ! le patron !...

FANCHON,
*lui glissant dans la main un écheveau de fil.*
Vite, tiens ça.

PIERQUIN, *venant le prendre par l'oreille.*
Ah ! je t'y prends encore, petit drôle !

SYLVAIN.
Ne vous fâchez pas, patron. Je dévidais ; voici l'é-
cheveau.

FANCHON.
Ah ! pour dévider, il dévide joliment bien, allez !

PIERQUIN.
Il ne s'agit point de ça, nom de nom ! je te paie pour
écrire et point pour dévider ; allons marche donc,
clampin !

SYLVAIN.
Ah ! c'est dommage... Je m'amusais bien , moi...
C'est si gentil, les femmes !

PIERQUIN.
T'es encore là ?

SYLVAIN.
On s'en va, patron, on s'en va... (*Revenant pour embrasser Fanchon.*) Au revoir, Fanchon ! (*A Pierquin.*) On
s'en va !

## SCÈNE III

### FANCHON, PIERQUIN.

PIERQUIN.

Ah ! ça, dépêchons-nous. Où qu'est Gérôme ? Sais-tu ça, Fanchon ?

FANCHON.

Oui ben, maître Pierquin, vous le trouverez au grenier à farine, où il est occupé à compter les sacs. V'là l'escalier.

PIERQUIN, *qui s'est avancé vers l'escalier.*

Son père ne serait-il point avec lui, par hasard ?

FANCHON, *qui s'est levée.*

Ah ! que nenni ! Le père Gérôme est en grande affaire aujourd'hui avec M. le duc et son intendant, qui viennent d'arriver. (*Mouvement de Pierquin. Fanchon est allée à la porte du fond, qu'elle a ouverte, tandis que Pierquin s'est engagé dans l'escalier.*) Et tout juste, les v'là qui s' dirigent de ce côté.

PIERQUIN.

Ah! ils viennent par ici... C'est bon, n' dis point que j' suis là, au moins. (*Il disparaît.*)

FANCHON.

Soyez tranquille, vieux Pierquin, soyez tranquille. Faut qu'il n'ait point la conscience ben en repos pour avoir si grande peur de not' maître...

GÉRÔME,
*entrant avec le duc, suivi de Noël. A Fanchon.*

Laisse-nous, Fanchon, et qu'on ne nous dérange pas.

FANCHON.

Oui, not' maître. (*Elle sort et referme la porte.*)

## SCÈNE IV

NOEL, *près de la table.* LE DUC, *venant s'asseoir à droite sur la chaise que lui présente* GÉROME, *qui se tient près de lui.*

#### LE DUC.

Rassurez-vous, mes amis ; appuyé sur vos dévouements, je n'ai rien à redouter. Mes braves paysans n'ont pas oublié les traditions de leurs pères et se souviennent des bienfaits qu'ont répandus mes ancêtres sur toute la contrée.

#### LE PÈRE GÉROME.

Le ciel vous entende, monseigneur ! mais, voyez-vous, je me défie de tout le monde, moi ; j'en sais bon nombre que je croyais sûrs et fidèles et qui maintenant... Enfin, monseigneur, m'est avis qu'il faut songer vous-même à votre sûreté.

#### NOEL.

Gérôme à raison, M. le duc ; il faut quitter la France.

#### LE DUC.

Vous ai-je bien entendus tous deux ! Et se peut-il que toi, mon brave Gérôme, toi, mon vieux Noël, vous me donniez un pareil avis !... Quitter la France, moi !... *(Il se lève et descend à gauche.)* Un Clergymont-Sombreuse ! M'enfuir, comme un criminel, devant une poignée de bandits qui mordent aujourd'hui la main qu'ils baisaient autrefois. Non, non. Le devoir des soldats est de se rallier autour de leur drapeau ; celui des gentilshommes est d'entourer leur roi et de se faire tuer pour lui. Que d'autres aillent mendier les services des nations étrangères et tournent leurs armes contre la patrie ; moi, je ne veux combattre que les ennemis de l'Etat et ferai, s'il le faut, au meilleur des rois, le sacrifice de ma vie.

#### NOEL, *se rapprochant du duc.*

Monseigneur est assuré de mon dévouement et sait

que je n'ai d'autre désir que celui de ne jamais le
quitter.

LE DUC.

Oui, tu es fidèle et loyal, je le sais, et voilà pourquoi
ce que tu me demandes, je ne peux te l'accorder. Il
faut nous séparer.

NOEL.

Nous séparer ! Ah ! monseigneur ne renverra pas
un vieux serviteur qui en mourrait de chagrin.

LE DUC.

Aussi je ne te renvoie pas, Noël, je ne te renvoie
pas. Approche, Gérôme, et m'écoutez tous deux. (*Le
duc, assis près de la table, Noël debout près de lui, Gérôme
de l'autre côté.*) Je veux vous instruire d'un projet que
je mûris depuis quelque temps et que les dernières
nouvelles qui m'arrivent me décident à mettre à exécution aujourd'hui même. J'ai résolu de me rendre à
Paris.

LE PÈRE GÉROME.

Eh ! quoi, monseigneur !...

LE DUC.

Ne cherchez ni l'un ni l'autre à m'en détourner;
c'est une décision irrévocable.

NOEL.

Souffrez au moins que je vous accompagne.

LE DUC.

Je te l'ai dit, c'est impossible. Il y a dans ce monde
deux existences plus précieuses que la mienne : celle
de mon roi, et c'est pour veiller sur elle que je pars ;
celle de ma Gabrielle, de ma fille, et celle-là, je la confie à ta garde, Noël. Voilà pourquoi je ne t'emmène
pas.

NOEL.

Vous êtes mon maître et mon seigneur.

LE DUC.

La chère enfant ignore encore la douloureuse séparation dont elle est menacée. Elle ne sait rien de ce qui se passe autour d'elle, puisque depuis deux jours seulement, je l'ai fait sortir de la pension où elle a été élevée. Je l'ai laissée à quelques pas d'ici, dans la voiture qui nous a amenés; tout à l'heure, j'irai l'embrasser — pour la dernière fois, peut-être !... Les enfants se consolent vite, et ma Gabrielle est si jeune ! A son âge, on ne soupçonne pas qu'un adieu peut être éternel. Je la place sous ta sauvegarde et sous celle de Dieu, qui protégera l'orpheline, si ma destinée est de succomber.

NOEL.

Monseigneur !

LE DUC.

Le coffret que, sur mon ordre, tu as placé toi-même dans la voiture, contient les bijoux de sa mère et tout ce que j'ai pu réaliser en or. J'ai fait préparer des relais sur la route jusqu'à la frontière ; tu paieras doubles guides, afin d'arriver plus vite, car je n'aurai de repos que quand je vous saurai hors de France.

NOEL.

Où monseigneur ordonne-t-il que nous nous rendions ?

LE DUC.

A Coblentz. Là, tu trouveras madame, la marquise d'Epinay, ma sœur, à qui tu présenteras sa nièce, que, sur ma prière, elle voudra bien garder près d'elle. (*Il se lève.*) Mais, sur ta vie, Noël, tu me jures de demeurer au service de ma fille et de ne jamais la quitter.

NOEL.

Je le jure.

LE DUC,

*invitant du geste Gérôme à s'asseoir en face de lui de l'autre côté de la table, Noël demeure debout.*

C'est bien. A ton tour maintenant, Gérôme. Il faut tout prévoir. Déjà les biens des premiers émigrés ont été confisqués ; après mon départ, les miens ne sauraient manquer d'avoir le même sort. Au milieu des

dangers qui menacent le trône, on ne s'arrête pas à
de mesquines considérations d'intérêt personnel ; mais
je suis père et c'est pour mon enfant que j'ai dû chercher un moyen de mettre ma fortune à l'abri de la
confiscation. Pour cela, j'ai pensé à toi, mon fidèle
Gérôme.

LE PÈRE GÉROME.

Disposez de moi, monseigneur, et si la vie d'un
vieux homme vous est seulement bonne à quelque
chose, dites-le, et je serai encore votre obligé.

LE DUC, *lui tendant l'acte que prend Gérôme.*

Voici un acte par lequel je déclare t'avoir fait une
cession pleine et entière de mes biens.

LE PÈRE GÉROME.

A moi, monseigneur ?...

LE DUC.

A la charge par toi de compter une rente annuelle
de cent mille livres...

LE PÈRE GÉROME.

Mais vos revenus sont de plus du double de cette
somme.

LE DUC.

Cette pension suffira pour ma fille, car c'est à elle
que tu la serviras, jusqu'au jour où les événements lui
permettront de revenir en France et de rentrer en
possession de ses biens.

LE PÈRE GÉROME.

Mais vous, monseigneur ! Vous ?...

LE DUC.

Moi ? Ne t'inquiète pas de moi. Cette clause ne figure
pas sur cet acte qui ne relate que la vente ; j'en confie
l'exécution à ta loyauté, à ton honneur.

LE PÈRE GÉROME,
*qui a parcouru le titre que vient de lui remettre le duc.*

Faites excuse, monseigneur, mais je ne saisis pas
bien... Avec cet acte, me voilà censément le proprié-
taire de tous vos biens ; si je venais à mourir, on pour-

rait croire qu'en réalité vous m'en avez consenti la vente, et ce ne serait pas de justice.

NOEL,
*vers qui Gérôme s'est tourné en disant ces derniers mots.*

Tu vas comprendre, Gérôme. Monseigneur a préparé un autre écrit par lequel tu reconnais avoir reçu ses domaines en simple dépôt ; que tu t'engages à en rendre bon compte, en personne ou tes héritiers, soit à monseigneur, soit à mademoiselle, et à en faire la restitution. C'est ce que les gens de loi appellent un fidéi-commis.

LE PÈRE GÉROME, *s'asseyant à la table.*
Ah ! bon, je saisis à cette heure.

LE DUC, *lui présentant la plume.*
Eh bien ! voici l'acte sur lequel tu n'as plus qu'à poser ta signature. S'il ne s'agissait que de toi et de moi, cette pièce serait inutile, car je te connais bien, Gérôme ; mais qui peut dire si un seul de nous trois sera alors encore en vie ? (*Tous deux se lèvent.*)

LE PÈRE GÉROME,
*après avoir signé et tendant au duc la feuille sur laquelle il vient de poser sa signature.*

Voilà, monseigneur ; il sera fait selon votre volonté ; mais ce papier, qui a une si grande importance, allez-vous ainsi le conserver simplement et sans plus de précautions, dans un portefeuille où dans la poche de votre habit ?

LE DUC.
Sans doute.

LE PÈRE GÉROME.
Je ferai observer à monseigneur que ce n'est point prudent. Nous autres paysans, quand nous faisons un voyage, nous avons coutume de prendre des précautions, et les papiers de valeur, nous les cousons dans la doublure de l'habit. Si monseigneur le permettait, j'en ferais ainsi pour cet acte. De cette manière, je serais plus tranquille.

LE DUC.

J'y consens, Gérôme. Maintenant, venez, mes vieux amis; accompagnez-moi. Le père a rempli sa mission; celle du gentilhomme commence.

## SCÈNE V

### PIERQUIN, *puis* BENOIT.

*Vers la fin de la scène précédente, on a vu Pierquin descendre avec précaution les marches de l'escalier, ainsi que fait un homme qui craint d'être surpris. En apercevant les personnages qui sont en scène, il s'arrête, surpris d'abord, puis retenu par la curiosité. Quand le duc, Gérôme et Noël sont sortis, il achève de descendre les dernières marches, remonte à pas de loup, jusqu'à la porte, s'assure qu'ils se sont éloignés par la gauche, d'où ils sont venus, puis descend jusqu'à la table.*

PIERQUIN.

Qué que j' viens d'apprendre là? Le duc qui s'en va et qui emporte sa fortune! Ah! mais non, il ne sera point dit que ses richesses sortiront du pays... Il m'les faut, et la cassette aussi... J' les veux. J'ai mon idée... Et s'il n'y a pour les garder qu' la jeune fille et ce vieux démoli d' Noël, j'en ferai mon affaire. J' les tiens!... Et pour ce qu'est d' l'écrit qu'il a laissé au père Gérôme, faudra ben qu'on sache ce qu'il y a dessus.

BENOIT,
*venu de la droite; il entre par le fond, aperçoit Pierquin occupé à fureter autour de la table, s'approche de lui sans bruit et frappe sur son épaule en criant:*

Coquin!

*Pierquin, au comble de la stupeur, se retourne. Benoit éclate de rire.*

BENOIT.

Ah! ah! ah! j' vous ai fait une belle peur, pas vrai?

PIERQUIN, *furieux et cherchant à l'atteindre.*
Ah ! garnement, c'est toi !

BENOIT.
C'est donc vot' nom que j'ai dit, que vous vous êtes reconnu ?...

PIERQUIN.
J' te r'vaudrai ça, mauvais gars !

BENOIT.
Voyons, n' vous fâchez pas. L'air n'est pas sain pour vous ici, et je ne pensais guère vous y trouver, puisque l' fils au père Gérôme m'avait envoyé chez vous.

PIERQUIN.
Chez moi ?...

BENOIT.
Où j'ai trouvé la porte close et d'vant la porte une manière de cavalier...

PIERQUIN.
Un cavalier ? Ah ! bon, je sais... (*A part.*) C'est l' chevalier de Gué-Briac. Hé ! hé! hé! m'est avis qu'il arrive à propos, et s'il tient à ses écus, j' vas lui poser mes conditions. (*Haut.*) Merci, garçon... j' m'en y vas.

BENOIT,
*qui est monté pendant l'a-parté de Pierquin, l'arrêtant.*
Ce n'est point la peine de vous déranger, le v'là qui vient.
*Il sort en riant et désignant Pierquin de l'air d'un homme qui se dit: Ah ! je lui ai fait une bonne farce!*

PIERQUIN.
Il est pressé, l' muscadin... (*Il remonte, et s'étant fait un abat-jour de sa main.*) Hé ! oui... c'est bien lui.

## SCÈNE VI

PIERQUIN, BENOIT, LE CHEVALIER, *puis*
JEANNE.

PIERQUIN.
Vot' serviteur, mon chevalier.

LE CHEVALIER.

Bonjour, monsieur Pierquin. Vous avez reçu mon billet ?

PIERQUIN.

Ce matin, mon chevalier, ce matin.

LE CHEVALIER.

Et vous avez la somme sur vous ?...

PIERQUIN.

Su' moi ! Le pays n'est point sûr... voyez-vous... et on n'a point comme ça dix mille livres dans son gousset; puis faudrait voir à s'entend' su' les conditions.

LE CHEVALIER.

Ne vous ai-je pas donné mes biens en garantie des sommes que vous me prêtez ?

*Il est venu s'appuyer contre la table à gauche.*

PIERQUIN.

Heu ! m'est avis que par l' temps qui court, j' perds au marché.

LE CHEVALIER.

Que voulez-vous dire ?

PIERQUIN.

J' veux dire qu' les affaires sont les affaires. Je n' connais qu' ça, moi; or, j' vous en ai déjà avancé pas mal d' ces écus, su' des biens qu' p't'êtr' avant qu'il soit longtemps j'aurais ach'tés pour rien.

LE CHEVALIER.

Pour rien ?

PIERQUIN.

C'est comme j'ai l'honneur de vous l' dire, mon chevalier. Les biens des émigrés sont confisqués au profit de l'Etat. L'Etat ayant besoin d'argent, ils s'ront vendus; et quand on est pressé d' vend', vous savez ben qu'on n' regard' point au prix qu'on vous en donne.

LE CHEVALIER.

Oui, je sais cela, monsieur Pierquin.

PIERQUIN.

Pour lors, il y a comme ça une société qui achète
à l'Etat les biens confisqués.

LE CHEVALIER.

Une société !... J'appelle cela une bande.

PIERQUIN.

Eh bé ! bande ou société...

LE CHEVALIER.

Permettez... de bande vient bandit.
*Jeanne paraît au fond.*

PIERQUIN, *vexé.*

Tout ça, c'est des mots, mon bon chevalier, vous m
demandez d' l'argent, je vous l' donne, mais sous condition.

JEANNE,
*descendant entre Pierquin et le chevalier.*
Sans condition, mon oncle ?

LE CHEVALIER.

Jeanne !

PIERQUIN.

Qué qu' tu m' chantes là, toi? c'est m'n' affaire.

JEANNE.

C'est ma volonté. (*A demi-voix.*) Préférez-vous me
rendre des comptes ?

PIERQUIN, *bas à Jeanne.*

Allons, c'est bon... mais, faut qu' t'en tiennes ben
pour lui. (*Au chevalier.*) Pour lors, vous quittez donc
aussi not' belle France, mon chevalier... et, sans vous
commander, de qué côté que vous allez?

LE CHEVALIER.

A Coblentz, M. Pierquin.

PIERQUIN.

A Coblentz !... hé ! hé ! hé !
*Il se retire un peu à l'écart, près de la table, autour
de laquelle il se remet à fureter.*

JEANNE, *vivement au chevalier*.

Ainsi, vous partez, René ?

LE CHEVALIER.

Oui, il le faut.

JEANNE.

Alôrs, je pars avec vous ; je vous suis.

LE CHEVALIER.

C'est impossible, Jeanne.

JEANNE.

Impossible ! Et pourquoi donc?... Ah ! je comprends... vous allez vous retrouver au milieu de cette orgueilleuse noblesse et vous rougiriez de moi, n'est-ce pas ? Pourtant, moi, que tous les jeunes hommes du pays, et les plus beaux et les plus riches, recherchent en mariage, je ne vous demandais que d'être votre servante. La fière Jeanne s'humiliait devant vous et se mettait à vos genoux, à vos pieds.

LE CHEVALIER.

Oh ! laissez-moi, Jeanne, détournez-vous de moi et m'abandonnez à cette vie errante où, n'ayant ni foyer ni famille, je vais d'un pas libre à la mort, à l'oubli... Pauvre, exilé, proscrit... inutile à moi-même et aux autres, je peux être fatal à ceux qui m'approchent.

JEANNE.

Ne vois-tu donc pas que c'est pour cela surtout que je m'attache à tes pas ! Je veux ma part de tes souffrances, ma part de tes dangers... Si mon amour te blesse ou seulement t'importune, eh bien ! je le refoulerai dans mon cœur, au risque d'en mourir !... Il se taira, oui !... mais tu ne peux l'empêcher d'exister, mais tu ne peux m'empêcher de t'aimer... tiens, de t'aimer comme une sœur.

LE CHEVALIER.

Comprenez donc ceci, Jeanne ; vous êtes riche, et je suis ruiné. Je suis le descendant des Gué-Briac ; vous êtes la nièce du... citoyen Pierquin.

JEANNE.

Ah ! toujours, toujours !... Que vous êtes cruel et
sans pitié !... Puissiez-vous ne jamais éprouver ce que
vous me faites souffrir ! Mais si vous demeurez iné-
branlable dans vos résolutions, je resterai, moi, iné-
branlable dans mon dévouement. (*Elle est remontée, et
à demi-voix, mais sur un ton impératif, à Pierquin.*) Vous
m'avez bien compris, n'est-ce pas, mon oncle : sans
conditions !

*Elle sort par le fond de droite, après s'être retour-
née une dernière fois pour regarder le chevalier.*


# SCÈNE VII

PIERQUIN, LE CHEVALIER *assis à droite*, BENOIT.

PIERQUIN.

Pour lors, mon chevalier, j' vas vous compter vos
dix mille livres, contre quittance, bien entendu. Les
affaires sont les affaires ; je n' connais qu' ça, moi ; et
si vous voulez ben passer chez moi...

LE CHEVALIER.

Je suis à vos ordres, monsieur... Pierquin.

PIERQUIN.

Mais vous n'irez pas loin avec c't' argent et puisqu'aussi ben vous vous rendez à Coblentz, pas vrai ?
Eh ben ! j' pourrais p't'êt' vous bailler les moyens d'en
gagner d'autre.

LE CHEVALIER, *avec défiance.*

Et pour... le gagner, il faudrait ?...

PIERQUIN,

*qui s'est aperçu que Benoit s'est approché.*

Chut !... nous caus'rons d' ça plus tard, chez moi.

*Ils vont pour s'en aller par le fond de droite, Be-
noît arrête Pierquin au passage.*

BENOIT,

*près de la table, où il a remis les chaises en place.*

Hé bien ! v'là que vous vous en allez sans seulement me demander ce que vous veut not' maître ?

PIERQUIN.

Tiens, c'est vrai. (*En congédiant le chevalier.*) J' vous suis, mon chevalier, j' vous suis.

LE CHEVALIER, *en sortant par le fond de droite.*

Soit, monsieur ! à tout à l'heure, chez vous.

*Le chevalier continue sa route et disparaît.*

PIERQUIN, *vivement, à Benoit.*

Voyons, parle vite.

BENOIT.

V'là c' que c'est : c'est pour vous dire que l' délégué vient d'arriver...

PIERQUIN.

L' délégué ! Ah ! jarnigué ! qué qu' tu m'apprends-là ?... (*A lui-même.*) Ah ! père Gérôme, tu fais des manigances avec ton duc !... Et toi, mon prince, tu veux t'en sauver à Paris... Eh bé ! j' vas p't'être t'y faire aller autrement et plus vite que tu n' voudrais. L' délégué ! hé ! hé ! hé ! (*Haut.*) V'là qu'est bon, mon garçon ; v'là qu'est bon ! Dis à Gérôme qu'il m'attende, que j' vas r'venir... que j' reviens... (*A lui-même.*) Ah ! père Gérôme, tu n' me fais plus peur, à c't'heure, et j' crois ben qu' ça va êtr' mon tour de t' faire trembler.

*Il sort précipitamment et disparaît par la droite.*


## SCÈNE VIII

### BENOIT, *puis* GÉROME.


BENOIT.

Ah ! le v'là qui détale comme un chat maigre !... Court-il ! mais court-il !... c' n'est point pour faire une bonne action, ben sûr... Ah! vieux criminel, va!... Je n' peux plus le voir, ce serpent-là, d' puis que j' sais qu'il a voulu en conter à Fanchon... Il a tous les vices, c' vieux-là, et pas une qualité. Quoi qu'il avait à marmotter comme ça tout à l'heure? Ben sûr, il ruminait quéque mauvais coup... ça n'est point m' n'affaire, car autrement... mais si j' peux jamais lui jouer quéque bon tour, j' m'en passerai la valicence, foi de Spartacus!

*Il remonte et va à Gérôme.*

GÉROME, *sortant de sa chambre.*

Benoit!

BENOIT.

Citoyen !...

GÉROME.

As-tu fait ma commission? As-tu vu Pierquin?

BENOIT.

Oui, citoyen. Il va revenir et a dit que vous l'attendiez ici.

GÉROME.

Tu lui as fait part de l'arrivée du commissaire de la Convention?

BENOIT.

Oui, oui, et même que là-dessus, il est parti comme une fusée et il court encore... Autrement, vous n'avez plus rien à me commander?

GÉROME, *passant.*

Non, tu peux t'en aller.

BENOIT.

Bon! j' vas r'tourner près d' Fanchon.
*Il s'en va par la gauche.*

## SCÈNE IX

GÉROME,
*seul, absorbé dans ses réflexions, vient s'asseoir à droite.*

La Convention a décidé que, dans chaque ville

comme dans chaque bourgade, un homme d'énergie et de bonne volonté serait en rapport avec elle et la renseignerait sur l'état des esprits et sur les besoins du pays. Cet homme, je veux l'être pour la contrée... Je le serai... (*Il se lève et gagne la droite.*) Qui donc me disputerait ce titre ? Parmi tous ces paysans, ne suis-je pas le plus instruit et le plus résolu ? Je n'ai rien à redouter de Pierquin. Non ; ignorant et cupide, sans principes comme sans probité, sans opinion comme sans morale, il rampera à plat ventre devant qui lui jettera quelques écus. Oui, mais sa bassesse et son avidité le rendent capable de tout. Il tient dans sa main la plupart des habitants, qui sont ses débiteurs. C'est un homme à ménager. S'il n'était mon allié, il serait mon adversaire : restons amis, du moins en apparence. Qu'importe qu'aux yeux de tous je passe pour être son complice et que lui-même me croie sa dupe, tandis qu'il sera la mienne... Qu'importe ! si l'amour de la patrie m'absout, et si, interrogé sur mon passé, je peux fièrement répondre : J'ai travaillé à l'élèvement des petits, à l'affranchissement des opprimés, au bien-être de tous. J'ai eu pour but et pour devise : la grandeur de la France et l'affermissement de la république ! Voilà ce que j'ai fait.

## SCÈNE X

GÉROME, paysans *venant du fond par la droite et précédant* ARISTIDE DESTOURNELLES, *commissaire de la Convention.*

LES PAYSANS.

Vive le délégué !

GÉROME,
*s'approchant du commissaire et serrant la main que celui-ci lui présente.*

Citoyen commissaire !...

ARISTIDE,
*à Gérôme, à demi-voix.*

Je t'ai promis de te signaler sur mon rapport et de te recommander à la Convention. Toi, tu m'as fait serment de fidélité et d'obéissance.

GÉROME.

C'est vrai.

ARISTIDE.

Je viens mettre ton dévoûment à l'épreuve; puis-je y compter ?

GÉROME.

Comme sur ma vie....comme sur mon sang.

ARISTIDE.

C'est bien... (*Il fait deux pas vers la droite, puis, en l'observant.*) Fais venir ici ton père.

GÉROME.

Mon père !... Pardon, citoyen commissaire !... mais, que lui veux-tu, à mon père ?

ARISTIDE.

J'en étais sûr. Est-ce de la sorte que tu entends l'obéissance ? Qui donc te donne le droit d'interroger ?

GÉROME.

Je n'interroge pas, citoyen..., non ; mais si je suis prêt à verser mon sang pour la nation, je veux du moins être assuré qu'aucun danger ne menace mon père.

ARISTIDE.

Que crains-tu donc pour lui ? Est-il traître ou aristocrate ?

GÉROME.

Ni l'un ni l'autre, je le jure. Cependant, on connaît dans le pays son attachement pour ses anciens maîtres, et je tremble à la pensée que quelque rapport ait pu te prévenir contre lui.

ARISTIDE.

Voilà donc déjà ton zèle en défaut !... Je ne suis

qu'un instrument, moi. Où l'on me dit de frapper, je frappe, sans hésitation, sans scrupules. La nation ne veut pas de dévouements qui chancellent. Qu'attendre des autres, si toi-même tu faiblis? Si tu ne te sens pas assez fort pour remplir le mandat que je voulais te confier, c'est bien ; je trouverai quelqu'un de plus résolu et prêt à obéir, sans les discuter, aux ordres de la Convention.

GÉROME, avec fermeté.

Ordonne, j'obéirai.

ARISTIDE.

A la bonne heure. Mais prends-y garde, maintenant : la moindre défaillance serait une trahison. Quant à ton père, qu'il dise la vérité, et il ne sera pas même inquiété.

Le père Gérôme paraît au fond; son fils va vers lui.

## SCÈNE XI

Les Mêmes, LE PÈRE GÉROME.

GÉROME.

Venez, mon père. Le citoyen commissaire de la Convention veut vous parler.

LE PÈRE GÉROME.

A moi?

ARISTIDE.

A vous, en effet, si vous êtes Gérôme, le fermier du ci-devant duc de Clergymont-Sombreuse.

LE PÈRE GÉROME.

En vérité, tout le monde peut attester ici que j'ai, depuis plus de vingt ans, l'honneur d'être au service de monseigneur le duc de Clergymont de Sombreuse.

ARISTIDE.

Alors, citoyen Gérôme, envertu de mon mandat et de mes pouvoirs discrétionnaires, je te somme de me livrer le ci-devant duc Clergymont.

3

LE PÈRE GÉROME.

Vous livrer monseigneur!... Me direz-vous au moins de quel crime il s'est rendu coupable et quelle faute il a commise? Je ne lui en connais qu'une, moi... *(Il promène ses regards sur les paysans qui entourent le délégué.)* C'est d'avoir fait du bien dans tout le pays, d'avoir semé les bienfaits pour récolter l'ingratitude... Vous livrer monseigneur!... Mais, dis-lui donc, mon fils, dis-lui que s'il y a des traîtres parmi nous, ce n'est point à la ferme de Gérôme qu'il faut venir les chercher.

ARISTIDE.

Abrégeons. Parle. Où est-il?

LE PÈRE GÉROME.

Où il est?... Monseigneur est venu à la ferme, c'est vrai... Ce qu'il est venu y faire, je n'en dois compte qu'à Dieu; et quant à vous le livrer, que la foudre du ciel tombe sur ma tête avant que la pensée ne m'en vienne!

ARISTIDE.

Prends garde à tes paroles, Gérôme, car si tu refuses de me livrer cet homme, c'est toi-même qui seras arrêté comme otage.

*Mouvement de Gérôme.*

LE PÈRE GÉROME.

Moi!... moi!... Ah! monseigneur! ... je pourrais donc vous être bon à quelque chose!... Quoi!... prendre la place de M. le duc! moi!... Arrêtez-moi, monsieur, arrêtez-moi... et grand merci de l'honneur!

ARISTIDE.

Une dernière fois, vieillard, je t'en avertis, tu joues là un jeu terrible. Il y va de ta vie.

LE FILS GÉROME,
*bas au délégué et d'un ton suppliant.*

Ah! citoyen!...

ARISTIDE, *bas à Gérôme.*

Un mot de plus et tu me paraîtras suspect toi-même.
(*Au père.*) Eh bien ! parleras-tu ?

LE PÈRE GÉROME.

Je suis prêt à vous suivre.

*Le fils paraît sur le point de courir vers son père ;*
*le délégué le contient du geste et du regard.*

ARISTIDE, *aux paysans.*

Qu'on l'emmène !


## SCÈNE XII

### Les Mêmes, LE DUC.

LE DUC, *paraissant au fond.*

Arrêtez, monsieur ! Le duc de Clergymont de Sombreuse est devant vous.

*Mouvement dans la foule.*

LE PÈRE GÉROME,
*se précipitant vers le duc dont il saisit les mains avec*
*transport.*

Ah ! monseigneur, qu'avez-vous fait ?

LE DUC,
*écartant doucement le père Gérôme, et faisant un pas vers*
*le délégué.*

On me dit, monsieur, que vous arrivez de Paris et
que vous avez auprès de moi un mandat à remplir...
Si vous venez de la part de mon roi, soyez le bienvenu.

ARISTIDE.

Je viens au nom de la Convention nationale, qui a
déclaré traîtres à la patrie tous les citoyens qui tenteraient de passer la frontière.

LE DUC.

Votre zèle vous égare, monsieur. Je n'ai point l'intention de sortir de France.

ARISTIDE.

Nierez-vous avoir l'intention, du moins, de vous éloigner du château ?

LE DUC, *avec hauteur.*

Il ne saurait me convenir de subir aucun interrogatoire, et je ne sais dans quel but vous m'adressez cette question ; mais, cette fois, rien ne me coûte d'y répondre. J'ai projeté, il est vrai, un voyage, et je ne pense pas que Sa Majesté Louis XVI ait dessein de s'y opposer.

ARISTIDE.

Je vous ai déjà dit que je ne viens pas au nom du roi, mais au nom de la Convention nationale.

LE DUC.

Je ne reconnais en France qu'un pouvoir, celui du roi ; et c'est à lui seul que je dois compte de mes actions.

ARISTIDE.

Ignorez-vous que le peuple a secoué ses entraves et brisé ses chaînes ?

LE DUC, *prenant le haut de la scène.*

Eh ! que m'importe, monsieur ! Je suis de ceux à qui toutes vos révolutions ne sauraient rien apprendre, ni rien faire oublier... Mes fermiers, métayers, bûcherons et paysans, tous ceux enfin qui travaillent à mes gages me connaissent et savent qu'en aucune occasion je n'ai manqué d'alléger leur peine, ni de récompenser leur labeur. S'il en est un, parmi ceux qui vous entourent, un seul, qui n'ait appris dès l'enfance à bénir le nom que je porte, qu'il le dise et m'accuse ici même, hautement, ouvertement... (*Protestations muettes des assistants.*) Vous le voyez, monsieur, leur silence serait ma justification, si j'avais besoin d'être justifié.

*Venant à Gérôme, tandis que les autres personnages entourent, en le suppliant, Aristide Destournelles.*

Gérôme, la voiture qui emporte ma fille et Noël est-elle partie ?

GÉROME, *debout du côté droit de la table.*
Elle est hors d'atteinte, monseigneur.

LE DUC.

Enfin ! Maintenant, dites-moi  donc ce que l'on me
demande pour prix de ma liberté ?

ARISTIDE,
*ayant écarté la foule qui l'entoure et présentant au duc la
cocarde qu'il portait à son chapeau.*
Mettre cette cocarde à votre chapeau et  crier avec
nous : Vive la nation !

LE DUC, *passant à l'extrême droite.*

Ah ! c'est trop marchander ma vie ! Trop de honte
pour vous, trop de patience pour moi ! Depuis des siè-
cles, dans ma famille, on est demeuré fidèle à un
culte, celui du passé ; à une loi, celle de l'honneur ; à
une seule autorité, celle du roi ! Vive le roi !

ARISTIDE.

Vive la république !

*Le duc, sur un geste du conventionnel, est entraîné
vers le fond par les hommes qui escortaient Aristide à
son entrée.*


# SCÈNE XIII

### LES MÊMES, PIERQUIN.

LE PÈRE GÉROME.

Ah ! monseigneur !... monseigneur !... (*Alors tournant les yeux vers son fils que le délégué ne cesse d'observer, il voit sa physionomie demeurer impassible. Plein de
stupeur, il étend le bras vers lui, comme pour l'accuser.
A ce moment il distingue Pierquin qui s'est glissé par la
porte de gauche.) Lui !...*

*Il veut parler et ne peut plus.*

### PIERQUIN.

Eh ! bé !... Je l' tiens ! P't'être ben aussi la p'tiote. (*Le père Gérôme, qui a entendu ces mots, jette un cri accompagné d'une menace, chancelle et tombe privé de sentiment près de la table. Pierquin, fouillant précipitamment dans la poche du père Gérôme, y prend l'acte que lui a remis le duc.*) A c't' heure, j' saurai ben c' qu'y a là d'sus.

### GÉROME,

*au commissaire qui l'a jusqu'alors contenu du regard, et en se précipitant vers son père.*

Mais vous ne voyez donc pas qu'il se meurt! (*Se jetant aux genoux du père Gérôme.*) Ah mon père ! mon père!

FIN DU DEUXIÈME ACTE

# ACTE TROISIÈME

Une salle basse à la ferme de Gérôme. Porte au fond à deux
battants. A droite de cette porte, une fenêtre non prati-
cable, à travers laquelle on aperçoit le moulin et les dépen-
dances de la ferme. A gauche, quelques marches proté-
gées par une rampe conduisant à la chambre de la
Maigriotte. Du même côté, au deuxième plan, une vaste
cheminée, dans laquelle brille un grand feu de bûches;
sous le manteau, un fauteuil et un escabeau rustiques: Au-
dessus, une petite glace, une pelote d'épingles, une lampe.
En face, un bahut. Une table et des siéges à droite.

—

## SCÈNE PREMIÈRE

### FANCOHN, *puis* BENOIT.

#### FANCHON,

*se regardant dans une p...te glace suspendue près de la
cheminée et occupée à n...er un fichu autour de son cou;
apercevant Benoit qui vient d'entrer.*

Çà, Benoit, on ne peut seulement plus achever de
s'habiller qu'on ne t'ait sur les talons ?

#### BENOIT.

Dame, moi présent, ça distance les autres... et je
sais qu'ils sont toujours quéques-uns à rôder autour
de toi, pour te dire des fadaises, un tas de bêtises,
quoi ! dès que j'ai le dos tourné.

#### FANCHON.

Tiens, c'est des choses aimables qu'ils m' disent...
Pourquoi que je ne les écouterais point ?

#### BENOIT.

Pourquoi... pourquoi?... Mais, nom d'une trique !

parce que je ne veux point de ça , moi... parce que je te recherche en bon et légitime mariage, moi !...

FANCHON.

T'ai-je dit que j'inclinais vers ces idées ? Tai-je fait une promesse ? Non. Par ainsi, ne m'asticote point ou je te baille ton congé.

BENOIT.

C'est bon... Ne t'enlève pas, Fanchon ; je ne veux rien dire pour t'exciter, tout au contraire... Tout de même, depuis un temps, je trouve que tu t'attifes plus que de coutume.

FANCHON.

Faut-il que je fasse peur aux moineaux ?

BENOIT.

Je ne prétends point ça...

FANCHON.

Je vois c' que c'est. T'as de la jalousie, pas vrai ?

BENOIT.

Eh ben ! oui, là... j'en sèche, j'en dépéris, comme une plante qui serait à l'ombre... et ton amour, Fanchon, ton amour, c'est le soleil. Tiens ! ce Sylvain, la coqueluche qu'est toujours derrière les cotillons, j' l'haïs-t'y, j' l'haïs-t'y !

FANCHON.

Grosse bête, va ! j'y fais pas seulement attention. Tu sais ben que Fanchon n'aime que toi.

BENOIT.

Ah ! v'là un vrai baume !... Ah ! ma petite Fanchette...

*Il la prend par la taille et va pour l'embrasser.*

FANCHON.

Eh ben ! voulez-vous finir !... Voyons, rends-toi utile, attache-moi mon fichu.

BENOIT, *ahuri.*

Que j'attache !...

FANCHON.

Eh ! oui, là, cette pointe, dans le dos... avec une épingle.

BENOIT.

Une épingle... où que ça se trouve ?

FANCHON.

Là, sur la pelote.

BENOIT.

Une pelote... là où ? Ah ! bon, bon... v'là l'épingle... Maintenant... (*Ajustant le fichu.*) C'est-il comme ça ?

FANCHON.

Aïe ! ah ! que t'es maladroit, mon pauvre Benoit !

BENOIT.

Dame ! j'ai pas fait d'apprentissage là-dedans, moi. J' crois qu' ça y est... Ouf ! j'en sue à grosses gouttes.

FANCHON.

C'est moi qu'est ben comme ça !

BENOIT.

Je t'écoute... et moi aussi !

FANCHON.

Suis-je t'y à ton goût ?

BENOIT.

Coquette, va ! T'es toute rose et blanche comme une mariée.

FANCHON.

Tiens, ai-je pas été assez longtemps habillée de noir, tant qu'à la ferme on a porté le deuil du défunt père Gérôme ?

BENOIT.

Ça, c'est vrai. Le fils a voulu que la mémoire du père fût honorée deux ans d'affilée. C'est d'un bon fils.

FANCHON.

M'est avis que c' t'idée ne lui est point venue, comme ça, à lui tout seul, et que c'est plutôt...

BENOIT.

Qui donc que ce serait?

FANCHON.

Qui? Eh ! pardine, la Maigriotte... C'te petite que not' maître a recueillie par compassion, il y a tantôt un an et qui, maintenant, commande ici, tout comme si elle était la maîtresse.

*Fanchon passe, Benoit la croise.*

BENOIT.

Faut point en dire de mal, car si elle ordonne et gouverne tout dans la ferme et au moulin, elle est aussi la première et la dernière à l'ouvrage et, si chétive qu'elle soit, elle prend plus de peine et de mal que d'autres qui sont en force et en santé.

FANCHON.

Oui, c'est une brave jeunesse, vaillante, courageuse, point tracassière pour le monde, et j' comprends que maître Gérôme...

BENOIT.

Quoi donc?... Est-ce que l' bourgeois ?

*Ils se rapprochent tous deux.*

FANCHON.

Faut qu'il y ait quéque chose, vois-tu. Car tu l' connais, c't'homme. Il est vif, emporté, colère... Eh ben ! s'il crie, s'il menace, pas plus tôt qu'elle paraît, qu'elle lui a dit quéques mots à voix basse, avec sa p'tite voix si douce, ou qu'elle l'a seulement regardé avec ses yeux toujours un peu tristes, le v'là qui s' calme, qui s' tait et qui r'devient doux comme un agneau. (*Benoit va à la table et y prend l'écritoire.*) Oui, oui, ben sûr , et sans qu'elle en ait l'air, le vrai maître ici ce n'est point Gérôme, c'est elle, c'est la Maigriotte.

BENOIT,

*essuyant machinalement l'écritoire avec le tablier de Fanchon qui, sur sa réplique, le reçoit distraitement de Benoit et l'essuie à son tour.*

Ah! bon, mais... et la Jeanne, la Rousse, comme on

l'appelle, la nièce au vieux Pierquin, qu'est-ce qu'elle
dit d' ça ?

FANCHON.

A cause que le vieux a dans l'idée de la marier avec
notre bourgeois ? Peuh ! j' crois ben que s'ils se ma-
rient, ces deux-là, ça sera chacun de son côté.

BENOIT.

Pourquoi donc ça, Fanchon ?

FANCHON,<br>
s'apercevant qu'elle tient l'écritoire dans ses mains et en<br>
le rendant à Benoit.

Ah ! çà, qu'est-ce que tu me donnes donc là ? T'es
donc fou, à c't' heure ? Tu veux savoir pourquoi ?....
Parce que s'ils penchaient vers ce sentiment, il y
a belle lurette que la chose serait bâclée. Mais
point. D'abord, on a remis l'épousaille en raison
du deuil du père ; après, ç'a été la Jeanne qui s'en est
allée, j' sais point où. (Benoit reporte l'encrier.) V'là qu'on
dit qu'elle est de retour ; mais j' gagerais qu' ça n'avan-
cera point les affaires et qu'il coulera encore ben de
l'eau sous le pont avant qu'on publie les bans pour
ce mariage-là.

BENOIT.

Heu ! l' vieux Pierquin est têtu, et c' qu'il a dans la
tête, il ne l'a point... autrement.

On frappe à la porte du fond.

FANCHON.

Va voir qui heurte.

BENOIT,<br>
qui est remonté et regarde par la fenêtre.

Tiens, nous parlions du renard, et juste !...

FANCHON, passant.

Eh ben ! ouvre.

BENOIT.

Heu ! serpent, va !... j' peux pas le sentir, c' vieux
là... Ah ! j' l'haïs-ti ! j' l'haïs-ti ! (A Pierquin qui entre,
d'un ton mielleux.) Votre serviteur, maître Pierquin.

## SCÈNE II

### PIERQUIN, BENOIT, FANCHON.

PIERQUIN.

Bonjour, garçon, bonjour... Va-t'en trouver Gérôme et lui dire que je l'attends ici..

BENOIT.

Ah ! faut que j'aille... (*Il regarde Fanchon d'un air inquiet ; à part.*) Il va en conter à Fanchon, c'est sûr.

PIERQUIN.

Ne serait-il pas à la ferme, par aventure ?

BENOIT.

Fait' excuse, il est près d'ici, au moulin.

PIERQUIN.

Eh ! bé ! va donc, mon garçon, je suis pressé !

BENOIT.

C'est que... vous ne voudriez point venir avec moi ?

PIERQUIN.

Et pourquoi faire ?

BENOIT.

Pour le chercher...

PIERQUIN.

Ah ! ça, es-tu fou ? Puisque je t'envoie...

BENOIT, *à lui-même.*

C'est juste... puisqu'il m'envoie. (*Bas à Fanchon.*) O Fanchon ! veille sur ta vertu. .

FANCHON, *bas à Benoit.*

Grosse bête !... V'là-t-il pas un beau galant ! Va donc et n' soit point inquiet.

*Ils remontent tous deux ; Pierquin passe à droite.*

PIERQUIN.

Mais va donc...

BENOIT.

J' m'en y vas, vieux Pierquin, je m'en y vas... (*A part, en s'en allant.*) Ah ! j' peux pas l' sentir, c' vieux-là !


## SCÈNE III

FANCHON, *assise et tricotant* ; PIERQUIN.

PIERQUIN.

Hé ! hé ! hé ! C'est la Fanchon, la p'tite Fanchette. Tourne-toi voir un peu, la Fanchon. Sais-tu que tu d'viens ben gentillette, d'puis un temps... Te v'là, comme on dit, un beau muguet de fille.

FANCHON, *faisant la niaise.*

Je sais point seulement c' que vous voulez me dire.

PIERQUIN,
*qui a pris une chaise et s'est assis à côté d'elle.*

Tais-toi, sainte nitouche, tais-toi. Avec ces yeux-là !... J' gageons qu'y a dans l'endroit plus d'un merle qui te siffle sa chanson. Mais, faut pas écouter tous ces oiseaux-là, vois-tu. Ça courtise les fillettes et puis, va-t'en voir s'ils viennent, Jean, va-t'en voir s'ils viennent !

FANCHON, *à elle-même.*

Où donc qu'il veut en venir, lui ? Laissons-le jaser.

PIERQUIN.

Tandis qu'un homme d'âge, ben conservé et ben renté, qui vous offre une place d' confiance, comme qui dirait d' servante, avec d' bons gages, écus sonnants et des cadeaux à la Noël, c'est ça qu'est un sort heureux pour une jeunesse.

FANCHON.

J' n' dis pas non.

PIERQUIN.

Avec ça qu'une jupe de droguet et un fichu à fleurs ne r'lèveraient point tes appas naturels mieux que c't'étoffe grossière;

FANCHON.

J' n' vais pas contre.

PIERQUIN, *à part*.

Ça prend. (*Haut.*) Et pour les décadis, t'aurais une chaîne en vrai or et des blouques de souliers en acier, qu'est la mode nouvelle.

FANCHON.

Oui-dà.

PIERQUIN, *à part*.

Ça prend, ça prend. (*Haut.*) J' t'emmènerais à la ville, aux temps de foire... et j' t'achèterais des fanferluches ed' Paris. J' te conduirais dans les baraques des baladins. oùs' qu'on vous montre des bêtes...

FANCHON.

Des singes, pas vrai?... C'est bon, j' vois ça d'ici.

PIERQUIN, *très pressant*.

Hou! hou! ma poulette... Et puis, on est garçon... et p'têt' qu' l'idée vous vient d' faire un' fin... Ça s'est vu, Fanchon, ça s'est vu...

FANCHON.

*Elle se lève vivement, fait quelques pas vers l'extrême avant-scène de droite; puis passe devant lui et sort par la droite en riant aux éclats.*

Quoi donc qui s'est vu, vieux Pierquin?... Un museau comme le vôtre! Ah! jamais d' la vie! jamais d' la vie!...

## SCÈNE IV

### PIERQUIN, *puis* GÉROME.

PIERQUIN.

Ça n'a pas pris... Ah! tu t' gausses de moi, la Fanchon! Eh! ben, prends garde. Rira l' mieux qui rira le dernier... et j' réponds que ça n' sera point toi.
*Il se lève.*

GÉROME, *entrant par le fond.*

Je ne t'attendais pas aujourd'hui, Pierquin... Qu'est-ce qui t'amène ? (*S'approchant de la cheminée où il s'assied dans le fauteuil.*) Voilà un feu qui n'est point à dédaigner, par la bise qui souffle dehors.

PIERQUIN, *en grommelant.*

Frileux, va ! (*Il va à la cheminée, soulève une bûche, la considère et la replace dans la cheminée.*) Du chêne ! Tu brûles du chêne... Ah ! ben, tu ne te refuses rien, toi !...

GÉROME.

Ah ! çà, vieux renard, n'en as-tu pas pris ta part, et plus que le compte encore ?...

PIERQUIN.

Au moins, je ne le brûle pas, moi, je le vends... (*Il fait de l'avant-bras le geste qui lui est familier.*) Pitié ! *Il descend au deuxième plan.*

GÉROME.

As-tu reçu des nouvelles du chevalier ?

PIERQUIN.

En v'là un qui m'en coûte de c't' argent. Et que d' tracas, que d' peines !

GÉROME.

Plains-toi. A qui ça sert-il ? A toi. Tu as les profits, aie donc aussi la peine.

PIERQUIN.

Comment ? Comment ?

GÉROME, *se tournant vers Pierquin.*

Sans doute. Tu as découvert la preuve que le duc, prévoyant la confiscation de ses biens, les avait vendus à mon père — à vil prix, c'est possible, mais enfin les lui a vendus. Mon père, mort subitement, n'a pu rien me dire touchant cette vente ; mais un acte en fait foi (*en se levant*), je le reconnais. Quant à moi, j'ai refusé, tu le sais, de participer aux revenus de ces biens. La ferme et le moulin m'appartiennent légitimement et me suffisent. Si je t'ai laissé paisiblement en possession du domaine, c'est parce qu'à défaut de toi, il tombait aux mains d'un autre. Je ne t'ai rien dit. Tu mets tout en œuvre pour retrouver la jeune fille et l'intendant. Je te laisse faire, parce que si je n'ai pas les mêmes raisons, j'en ai même désir. (*Il passe au deuxième plan.*) Mais si tu crois que je prêterai la main à tes complots, faut rayer ça de tes papiers. Gérôme ne mange pas de ce pain-là. Au surplus, qui a mis le chevalier dans l'affaire?

PIERQUIN.

C'est moi, c'est vrai... cré nom!... Bref, en v'là encore pour cent écus!...

*Il lui présente une lettre.*

GÉROME.

Cent écus!

PIERQUIN.

Ne faut-il pas payer le courrier? Et cette fois, il arrive de Coblentz; mais je verrai à lui rabattre quéque chose.

GÉROME.

Ne t'en avise pas. Pour que cet homme, mécontent de son salaire, aille répéter qu'il arrive de Coblentz, n'est-ce pas? Pour qu'on fasse courir le bruit que nous avons des intelligences avec les émigrés ou même avec les princes... Il paraît que ta tête a bonne envie de quitter tes épaules.

PIERQUIN.

Allons, c'est bon, lis...

GÉROME, *lisant.*

« Je suis à Coblentz depuis un mois et je n'ai pu
« avoir, ici comme partout ailleurs, aucune nouvelle
« de la fille du duc. »

PIERQUIN, *avec rage.*

Nom de nom de nom!

GÉROME.

Quand tu auras fini...

PIERQUIN.

Voyons... après?

GÉROME, *lisant*.

« Mais j'ai découvert ce matin la retraite de l'inten-
« dant. »

PIERQUIN, *transporté de joie*.

Vive la nation !...

GÉROME.

Te tairas-tu, insupportable braillard ?... Enfin !... Et
tu trouves qu'à cent écus cette lettre est payée trop
cher ! Mais j'en donnerais dix mille, si, au lieu du
vieux, il avait découvert la demoiselle. Allons, il faut
lui répondre.

*Ils s'approchent tous deux de la table, se placent
l'un en face de l'autre, se considèrent quelques instants en silence; puis, Gérome prend une plume et
du papier qui se trouvent sous sa main et se dispose à
écrire sous la dictée de Pierquin.*

PIERQUIN.

Ecris: « Chevalier.... »

*A cet instant, la Maigriotte entre par le fond. Elle
s'approche lentement et sans bruit de la cheminée, où
elle s'asseoit sur l'escabeau et se met à tricoter en
tournant le dos au public. Pierquin pousse Gérome du
coude et lui fait remarquer la présence de la jeune
fille.*

## SCÈNE V

### Les Mêmes, LA MAIGRIOTTE.

GÉROME, *brusquement*.

Que veux-tu ? Que viens-tu faire ici ? J'ai défendu
qu'on entre.

LA MAIGRIOTTE.

Il fait bien froid dans l'autre salle. Laissez-moi ici,
maître. Je me ferai si petite que vous ne me verrez

pas, je ferai si peu de bruit que vous ne m'entendrez point.

GÉROME.

*Il fait à Pierquin un geste qui indique que la présence de
la jeune fille ne doit pas l'inquiéter.*

Continue : « Chevalier...

PIERQUIN, *répétant machinalement.*

« Chevalier... » Ah ! j'y suis... « Surveillez l'inten-
« dant; épiez toutes ses démarches; il n'est pas dou-
« teux que vous n'arriviez par lui à découvrir aussi la
« fille du duc. »

LA MAIGRIOTTE, *en aparté.*

La fille du duc!

PIERQUIN.

« Songez qu'il faut à tout prix la retrouver. »

LA MAIGRIOTTE, *à elle-même.*

La retrouver !

PIERQUIN

« Quant au vieux, vous connaissez mes instructions.»
Voilà; signe de mon nom et cachète. J'ai dit au courrier de venir prendre la dépêche ici ; tu la lui remet-
tras.

GÉROME.

C'est bien.

PIERQUIN.

Pour lors, c'est encore cent écus qu'il faut porter en
dépense. Moitié pour toi, moitié pour moi. Les affaires sont les affaires; je ne connais que ça, moi.

GÉROME, *avec aigreur.*

Oui, et l'on peut dire que tu t'y connais. Je vois bien
que tu me mets toujours de moitié dans la dépense;
mais pour les recettes, c'est une autre affaire, tu gar-
des tout.

PIERQUIN.

Eh bé! qui fait les avances d'argent? C'est moi. Qui
paie les taxes et la main-d'œuvre? C'est moi. Sais-tu

c' que nous a coûté l' chevalier à Londres, à la Haye,
à Amsterdam, à Coblentz ? Je vas te le dire.

GÉROME, *se levant.*

Inutile. Je les connais, tes comptes. Si tu as le museau du renard, j'ai l'instinct du mouton. Si je te laisse
tondre la laine, c'est parce que ça me plaît. Mais je ne
sais pas moins que tu tonds... Et le jour où ça ne me
plaira plus, je te le dirai.

PIERQUIN, *se levant, restant en place.*

Tiens, tu es ingrat, Gérôme. Mais ce n'est point au
moment où tu vas être de la famille (*descendant*), en
épousant ma nièce, qu'on se cherche des querelles.

GÉROME.

Pour ce qui est de cela, il n'y a rien de fait jusqu'à
l'heure d'aujourd'hui... Que tu aies, toi, l'idée de ce
mariage qui te dispenserait de rendre des comptes à
ta nièce, cela se conçoit ; mais ni Jeanne, qui n'a pas
oublié le chevalier... qu'elle aime toujours... ni moi,
qui ne suis pas pressé de me marier, ne sommes dans
ces idées... Ainsi, ne te gêne pas.

PIERQUIN.

Eh ! bé, mon gars, t'es ben vénimeux, à ce matin.

GÉROME.

C'est que je t'aurai touché la main, par mégarde.
(*Il passe.*)

PIERQUIN.

T'as rien de plus aimable à me dire, pendant que t'y
y es ? Non. Alors, je m'en vas. (*Il remonte, puis revient.*)
La Jeanne doit venir ici tantôt ; tu lui diras de m'attendre. N'oublie pas le courrier. Sans rancune, au
moins.

GÉROME, *sèchement.*

Sans rancune.

PIERQUIN, *lui tendant la main.*

Alors...

GÉROME, *laissant prendre la sienne et froidement.*
Ho!... Voilà...

PIERQUIN.
A tantôt! (*S'arrêtant devant la Maigriotte pour prendre son manteau sur le fauteuil où il l'a placé en entrant et tout en examinant la Maigriotte. A part.*) Hé! hé! hé!
Elle est gentille, la petiote... C'est jeune, c'est maigriot, mais c'est gentil... Hé! hé! hé! (*Sur un regard menaçant de Gérôme, il sort vivement.*)

## SCÈNE VI

### GÉROME, LA MAIGRIOTTE.

LA MAIGRIOTTE, *allant à Gérôme.*
Maître, vous ne ferez pas ce que cet homme vous a conseillé, n'est-ce pas? Cette lettre, vous ne l'enverrez pas...

GÉROME, *surpris.*
Et pourquoi n'enverrais-je pas cette lettre?

LA MAIGRIOTTE, *très simplement.*
Parce que... c'est mal.

GÉROME.
Ah çà, depuis quand as-tu pris le droit de me parler ainsi?

LA MAIGRIOTTE.
Depuis le jour où, mourante de faim, de fatigue et de froid, vous m'avez recueillie dans cette maison... Depuis ce jour, j'ai contracté envers vous une dette de reconnaissance, je ne l'oublierai jamais. Je vous dois la vie, peut-être; si jamais vous en avez besoin, prenez-la, elle est à vous. Mais je vous dois aussi tout ce que je suis, tout ce que je sens, tout ce que j'éprouve... et mes pressentiments me disent que cet homme veut vous pousser à commettre une mauvaise action.

GÉROME, *s'asseyant près de la table.*
C'est donc de toi qu'il me faudra prendre conseil désormais?

LA MAIGRIOTTE,
*le suivant et la main sur le dossier de sa chaise.*

Si vous le faisiez, je vous donnerais celui d'écouter
votre conscience, d'écouter votre cœur surtout, qui est
meilleur que vous ne voulez le laisser paraître.

GÉROME.

Et que dirait mon cœur ?

LA MAIGRIOTTE

Il vous dirait... que ces biens ne vous appartiennent
pas ; il vous dirait qu'ils sont l'héritage d'une pauvre
enfant, en exil — dont on a tué le père, et qui pleure ;
à qui l'on prend ce qu'elle possède, et qui souffre ; il
vous dirait enfin que cette enfant est la fille de vos
maîtres.

GÉROME,
*se levant et passant vivement au premier plan.*

Mes maîtres !... Il n'y a plus de maîtres !

LA MAIGRIOTTE.

Est-ce donc qu'il n'y a plus que des esclaves?

GÉROME.

Je te dis qu'il n'y a plus de maîtres. Nous avons
changé tout cela. Nous sommes tous égaux.

LA MAIGRIOTTE.

Oui, mais égaux devant Dieu qui est bien notre
maître, lui! à moins que cela aussi, vous ne l'ayez
changé.

GÉROME, *avec emportement.*

Tais-toi, la Maigriotte, tais-toi! car tu me ferais re-
gretter de t'avoir recueillie dans cette maison, comme
je regrette maintenant de t'avoir laissée ici tout à
l'heure.

LA MAIGRIOTTE.

Si ce regret vous est venu, ne le cachez pas , maître
Gérôme, car aussi bien je m'en irai d'ici plutôt que de
voir s'accomplir une infamie.

GÉROME.

D'où vient que tu le prennes sur ce ton? Et qui te

donne le droit de penser que je suis réellement le complice de cet homme?

LA MAIGRIOTTE.

Eh bien, détruisez cette lettre.

GÉROME, *passant.*

Je ne dois compte de mes actions qu'à moi-même, et si tu n'es entrée dans ma maison que pour les contrôler, je sais le moyen de t'en faire sortir.

*Il revient et s'assied dans le fauteuil.*

LA MAIGRIOTTE, *debout derrière lui.*

Alors, vous me renvoyez?...

GÉROME.

Moi?

LA MAIGRIOTTE.

Vous me renvoyez.

GÉROME.

*Il lui prend les mains, et l'ayant fait passer et asseoir sur l'escabeau devant lui.*

Qui parle de te renvoyer?... Tu es venue, un soir d'hiver; au-dehors, il gelait à pierre fendre et la neige couvrait la route — haut de ça. Tu as frappé à la porte : on t'a ouvert. Ici, brillait un bon feu. Tu t'es assise là, comme en ce moment; je te vois encore et, sous tes guenilles, tu tremblais comme la feuille qu'agite le vent. Le lendemain, tu voulus repartir, et comme chacun t'avais prise en amitié, on t'a dit de rester. Une bouche de plus ou de moins, qu'est-que ça fait? et la tienne est si petite ! Tu manges si peu, on dirait un oiseau! Et tu travailles pour deux ! Nous ne savons rien de toi, et l'on ne t'a pas seulement demandé ton nom, ce qui fait qu'en te voyant si chétive et si maigre, on t'a nommée la Maigriotte.

LA MAIGRIOTTE.

Oui !

GÉROME, *se levant.*

N'était que je t'ai vue misérable et grelottant sous tes haillons, à tes manières, à ton parler, et aussi parce que tu es fière comme pas une dans le pays, parfois je croirais que tu es quelque ci-devante!

LA MAIGRIOTTE, *qui s'est levée et à part.*

Mon Dieu! que dit-il? (*Haut, avec résolution.*) J'ai réfléchi. Ma place n'est plus ici. D'ailleurs, n'ayez pas souci de moi. L'hiver touche à sa fin, et dans les campagnes on a besoin de bras. Je ne chômerai pas d'ouvrage, allez.

GÉROME.

Ah!... (*Amèrement.*) Au fait, je devais m'y attendre. Est-ce que les oiseaux, quand ils se sont bien repus des grains de blé qu'on leur jette, ne s'envolent pas!... C'est bon... Tu peux t'envoler aussi, maintenant... Vous partie, ça fera un vide dans la maison, mais si vous avez trouvé mieux, je ne vous retiens pas... Tout de même, je ne croyais pas avoir affaire à une ingrate.

LA MAIGRIOTTE.

Ingrate... Moi!... Oh! ne dites pas cela, maître Gérôme; ne dites pas cela.

GÉROME.

Tu pleures?... Je ne veux pas que tu pleures, entends-tu? Est-ce que quelqu'un t'a manqué de respect ici, t'a insultée? Dis-moi qui, et sur ma vie, je le tuerai comme un chien enragé!

LA MAIGRIOTTE.

Personne ne m'a manqué de respect, car tout le monde est bon pour moi dans la ferme... (*Avec une explosion de douleur.*) Ah! mais vous ne savez pas le mal que vous venez de me faire.

GÉROME.

Tu ne vois donc pas celui que tu me fais toi-même, quand tu parles de me quitter!

LA MAIGRIOTTE,
*lui indiquant la lettre qui se trouve sur la table.*

Que cette lettre ne parte pas, je resterai.

GÉROME
*va jusqu'à la table, où le suit du regard la jeune fille,*

*dont l'air suppliant et les mains jointes le décident à
déchirer la lettre.*

Tu peux rester, enfant!

LA MAIGRIOTTE.

Ah!..

> *Elle prend sa main comme pour la porter à ses
> lèvres; Gérôme saisit les siennes et l'embrasse sur le
> front.*


## SCÈNE VII.

GÉROME, LA MAIGRIOTTE, JEANNE.

JEANNE, *paraissant au fond.*

Ah! bien, bien, ne vous dérangez pas; je reviendrai
plus tard.

GÉROME.

Non pas. Entrez, la Jeanne. Il ne se passe rien ici
qui ne puisse se faire aux yeux de tous.

JEANNE, *s'avançant.*

Cependant.

GÉROME.

D'ailleurs, vous ne pouviez arriver plus à propos. La
Maigriotte nous quitte; elle me faisait ses adieux, et pour
lui prouver que je ne lui en garde pas rancune, je l'ai
embrassée, voilà. Mais je pense qu'elle n'a point dit son
dernier mot, et, si vous voulez vous joindre à moi, j'espère que nous la déciderons à demeurer.

JEANNE.

Et pourquoi donc?... Il ne faut pas contrarier le
goût des gens... et je suppose qu'elle partie, cela n'empêchera point le moulin de tourner.

GÉROME, *surpris.*

Ah!

JEANNE, *avec intention.*

Au surplus, voilà déjà du temps qu'elle est ici, et

peut-être qu'elle n'y pourrait point demeurer davantage sans inconvénient.

*La Maigriotte la dévore des yeux; on devine qu'elle
n'a pas encore compris.*

GÉROME, *à demi-voix.*

La Jeanne, ce n'est pas bien, ce que vous dites là.

JEANNE.

Bah! Sait-on seulement ce qu'elle faisait avant de
venir ici?

GÉROME.

Taisez-vous, la Jeanne!

JEANNE.

Il faut se gêner, peut-être... Quand on ne veut avouer
ni son nom, ni d'où l'on vient, c'est qu'on n'aurait rien
d'honnête à dire.

LA MAIGRIOTTE

*s'appuie, chancelante, contre la table.*

Ah! (*Après un cri qui traduit sa douleur et son
indignation, elle se redresse sous l'insulte.*) Assez, mademoiselle, assez!... Ne répétez pas cette infamie, ne
la répétez pas... Vous êtes riche, vous, et si vous avez
laissé chiffonner les dentelles de votre collerette, l'argent de votre dot peut en cacher les accrocs... Tandis
que moi, je n'ai que mon honneur, et j'y tiens plus
qu'à la vie.

JEANNE.

Voyez le petit serpent qui, pour se défendre, ne rou-
git pas d'accuser les autres.

LA MAIGRIOTTE, *venant à Jeanne.*

Je n'accuse personne. — D'abord, est-ce qu'on me
croirait, moi? Pourtant, quand on est dans la campagne, depuis le petit jour jusqu'à la nuit tombante, on
sait bien des choses et l'on remarque bien des gens
qui ne se croient vus que de là-haut. Tenez, du temps
où je gardais les moutons, j'allais quelquefois pro-
mener mes bêtes jusqu'au Val-Creux. (*Mouvement de la
Rousse.*) Vous, qui connaissez le pays, vous n'êtes

point sans savoir que c'est un vrai désert, et ceux qui veulent n'être vus de personne s'en y vont de préférence, si bien qu'on l'a surnommé le Val des amoureux...

JEANNE, remontant.

Eh ! que nous font tes histoires !...

GÉROME, passant.

Laissez-la parler et écoutez-la. Dans ce qu'elle veut dire, il y a peut-être sa défense, puisqu'on l'accuse,—ou un enseignement pour ceux qui parlent contre elle.

JEANNE, avec dépit.

Oh ! j'y donne volontiers mon consentement, et puisque ce récit vous plaît, beau Gérôme, continue, petite (elle s'assied à la table); on verra à t'écouter.

LA MAIGRIOTTE,<br>à Jeanne, qui s'est détournée d'elle.

Eh bien ! je me souviens qu'en cet endroit, derrière le buisson d'où je veillais sur mes bêtes, j'ai vu une belle grande fille — et qui n'y venait point seule, dame!... Comme je m'en retournais le soir, sur l'herbe qui était piétinée... j'ai trouvé un fichu... en belle mousseline, vraiment!... Tenez, tout pareil au vôtre... Et ce qui va bien vous surprendre, c'est qu'il y a vos lettres dans un coin... — Peut-être connaissez-vous celle qui l'a... oublié, car de ce temps-là, vous veniez souvent dans le pays... Et comme, quoique pauvre, je ne suis pas une voleuse, vous pourriez peut-être m'aider à le rendre à qui il appartient, car de ces fichus-là je n'en porte point, moi, ni ne veux rien devoir à celle qui l'a perdu.

Elle a été chercher, dans un tiroir du bahut, le fichu, le laisse glisser à côté de Jeanne, puis remonte et gravit les marches de l'escalier qui mène à sa chambre.

JEANNE,<br>qui a saisi furtivement le fichu, tandis que Gérôme<br>suit la Maigriotte du regard; à demi-voix :

Va, tu paieras cher ce secret.

## SCÈNE VIII

### JEANNE, GÉROME.

JEANNE.

Eh bien ! Gérôme, souffrirez-vous plus longtemps la
présence de cette fille ?

GÉROME.

Ne vous ai-je point dit que c'est elle-même qui veut
me quitter ?

JEANNE.

Ce n'est point ainsi qu'elle doit sortir de cette maison ?

GÉROME.

Et comment donc prétendez-vous qu'elle en sorte ?

JEANNE.

Comme les gens que l'on chasse.

GÉROME.

Est-ce là le conseil que vous me donnez ? A coup sûr,
ce n'est pas celui que j'attendais de vous, la Rousse.
Vous n'avez, pour cette pauvre enfant, ni indulgence
ni pitié, et pourtant, vous n'avez point lieu de vous
plaindre de la vie qui vous est faite, vous ! Rien, que
je sache au moins, ne peut vous causer d'amertume et
vous pousser à l'injustice, tandis que la Maigriotte a
souffert toutes les rigueurs et enduré le mauvais sort,
sans que jamais une plainte soit sortie de sa bouche,
une menace tombée de ses lèvres.

JEANNE.

A voir comme vous en prenez chaudement la défense, convenez qu'on pourrait faire certaines supposi-
tions, s'il ne s'agissait d'une mendiante.

GÉROME

Ecoutez-moi, la Jeanne, — et jouons franc jeu. Vous
avez de la jalousie au sujet de la Maigriotte...

JEANNE.

Jour de Dieu! moi, jalouse... et pour vous ! Ah !

connaissez-moi donc! J'ai aimé!... vous le savez...
J'aime encore... je vous le dis... Et celui que j'aime,
mort ou vivant, et fût-il indigne et flétri, je l'aimerai
toujours, je n'aimerai que lui. Mon cœur lui appartient depuis le jour où je me suis donnée. Prenne la
femme qui voudra : il ne serrera jamais dans ses bras
qu'une statue. Que cet amour soit mon orgueil ou
ma flétrissure, ma joie ou mon expiation, je l'accepte;
j'y ai enseveli ma jeunesse ; j'en ai fait le tombeau de
ma vie ! Vous me supposez donc bien vile pour croire
que, volontairement coupable pour lui, je songe à me
réhabiliter en me vendant à un autre ? (*Elle passe.*)

GÉROME.

Pourquoi donc alors traiter ainsi durement cette enfant?

JEANNE.

Pourquoi? Il me demande pourquoi ! Vous n'avez
donc jamais souffert, vous ? Aucune torture de l'âme
n'a donc pu aigrir votre caractère ? Pourquoi? Parce
qu'elle est heureuse : elle est aimée! par vous ou par
un autre, qu'importe ! Elle est aimée, vous dis-je, et
son bonheur me fait envie ! Et puisque vous me le demandez, et bien ! voilà pourquoi je la déteste !

GÉROME.

Pourquoi désespérer du bonheur? Qui vous dit que
vous ne soyez pas aimée?

JEANNE.

Ah ! oui... Vous et mon oncle, n'est-ce pas? Le beau
sujet d'attachement ! Mon oncle, que je hais... et vous
que je méprise ! (*Passant.*)

GÉROME.

Moi ! (*Descendant.*)

JEANNE.

Oui, car tous deux, vous vous entendez pour spolier
une orpheline.

GÉROME.

Silence là-dessus, la Jeanne !

JEANNE.

Ah !... oui ! je comprends... Vous craignez que cette enfant ne m'entende et qu'à son tour elle n'ait plus aussi pour vous que du dédain !

GÉROME.

Je n'ai pas cette crainte, car je lui dirais que je ne suis pas le complice de votre oncle, et elle me croirait...

JEANNE.

Qui donc lui inspirerait une confiance si grande en vous ?

GÉROME.

Moi-même. Tout le monde sait ici que je n'ai jamais menti.

JEANNE.

Cela, c'est vrai.

GÉROME.

Je lui dirais encore que si j'ai consenti à jouer ce rôle odieux, c'est pour veiller de plus près aux intérêts de l'héritière des ducs de Clergymont-Sombreuse, et, mêlé moi-même, en apparence, aux ruses de Pierquin, les déjouer plus sûrement. Voilà ce que je lui dirais et, je vous le repète, elle me croirait.

JEANNE,
*d'un accent convaincu et comme entraînée.*

Sans doute. Je te crois bien, moi, et voici ma main, Gérôme. Ce n'est pas celle de la fiancée, tu sais bien que c'est impossible, c'est celle d'une amie.

GÉROME.

Merci, Jeanne, et de ce jour faisons cause commune.
*On voit paraître la Maigriotte au haut de l'escalier; elle est pauvrement vêtue et porte à la main un petit paquet de hardes, enveloppées d'un mouchoir.*

## SCÈNE IX

### GÉROME, LA MAIGRIOTTE, JEANNE.

GÉROME,
*Allant à la Maigriotte, qu'il aperçoit quand elle est arrivée devant la porte.*

La Maigriotte ! Sous ce costume !...

LA MAIGRIOTTE.

C'est celui que je portais le jour où je suis entrée ici, c'est aussi celui que j'ai choisi pour en sortir. Adieu... maître !

GÉROME.

Mais je ne veux pas que tu t'en ailles !

LA MAIGRIOTTE.

Votre volonté n'est pas la seule, car vous n'êtes plus le seul maître ici, et s'il m'a plu de rester à votre service, il ne me plaît pas de rester à celui des autres.

JEANNE.

Vous vous trompez, mon enfant. Le seul maître, c'est Gérôme—et c'est un honnête homme qui vous aime... et que vous pouvez aimer.

*Elle sort par le fond après avoir serré la main de Gérôme.*

## SCÈNE X

### GÉROME, LA MAIGRIOTTE.

Qu'est-ce qu'a voulu dire cette femme ?

GÉROME.

Des choses que tu ne comprendrais pas, mon enfant. Mais qu'importe, puisque la voilà partie et que tu restes ?...

LA MAIGRIOTTE.

Oh ! non !... non !... Je veux m'en aller... je m'en irai... D'ailleurs, comme elle l'a dit, moi partie. ça n'empêchera pas le moulin de tourner. Et l'on a peut-être besoin de moi ailleurs.

GÉROME.

Que veux-tu dire ?

LA MAIGRIOTTE.

Vous aviez le droit de me le demander, tant que j'étais à votre s rvice ; maintenant j'ai le droit de ne pas vous répondre.

GÉROME.

Tu oublies bien vite ce que l'on a fait pour toi dans cette maison.

LA MAIGRIOTTE, *fièrement.*

Vous oubliez bien ceux à qui vous la devez!

GÉROME,

*s'avançant plein de menace et de colère vers la Maigriotte qui demeure impassible. Ce calme, cette attitude résignée lui imposent, et il jette à quelques pas de lui une chaise qu'il avait prise en passant.*

Je viens de te donner la mesure de mon amitié, mais n'abuse pas de ma patience, car je ne serai pas toujours maître de moi.

*Il s'en va par le fond.*

## SCÈNE XI

### LA MAIGRIOTTE, *puis un courrier.*

LA MAIGRIOTTE.

Mon Dieu! n'est-ce pas encore assez d'humiliation!... Mon Dieu! m'avez-vous donc abandonnée!... Vous qui savez pourquoi j'ai franchi le seuil de cette porte, inspirez-moi... protégez-moi!

*La nuit est venue. La Maigriotte va prendre une lampe au-dessus du manteau de la cheminée et, tout en répondant au courrier, l'allume et la pose sur la table.*

UN COURRIER *paraît au fond.*

N'est-ce pas ici là demeure du fermier Gérome?

LA MAIGRIOTTE.

Oui.

LE COURRIER.

Alors, c'est ici qu'on doit me remettre une dépêche.

LA MAIGRIOTTE, *vivement.*

Pour Coblentz... oui, oui... (*A elle-même.*) Ah! vous m'avez entendue, mon Dieu! (*Haut.*) Attendez quelques instants; asseyez-vous... Le temps d'écrire quelques mots et je vous la remets.

LE COURRIER

*s'asseyant près de la cheminée.*

C'est bien. Ne vous pressez pas. J'attendrai.

LA MAIGRIOTTE.

*Elle s'assied à la table et écrit rapidement, fiévreusement.*

« Chevalier, on vous pousse à commettre une action
« odieuse, infâme... En découvrant la retraite d'un
« vieillard inoffensif, en poursuivant une jeune fille
« que l'on veut dépouiller de sa fortune, après lui
« avoir tué son père, vous vous faites le complice de
« voleurs et d'assassins. » *(En pliant la lettre.)* L'adresse
maintenant.... Cette lettre, déchirée par Gérôme, va
me la fournir.

*Elle ramasse les débris de la lettre déchirée par Gé-
rôme. Un homme enveloppé d'un manteau est entré
sur ces derniers mots et s'est tenu au dernier plan,
perdu dans l'obscurité de la salle. La Maigriotte se
lève et va vers le courrier.)* Voici cette dépêche. *(Lisant l'adresse.)*

« A monsieur le chevalier d'Auroux de Gué-Briac,
« à Coblentz. »

## SCÈNE XII

## LA MAIGRIOTTE, LE COURRIER, LE CHEVALIER

LE CHEVALIER,

*s'approchant et prenant la lettre des mains du courrier.*

Alors, ne vous dérangez pas.

LA MAIGRIOTTE.

Que signifie ?...

LE CHEVALIER.

Cela signifie que le chevalier d'Auroux de Gué-
Briac n'est plus à Coblentz, puisqu'il est ici.

LA MAIGRIOTTE.

Quoi ! le chevallier, c'est...?

LE CHEVALIER.

C'est moi. (*Au courrier.*) Tu peux t'en aller, mon garçon. On n'a plus besoin de toi.

LE COURRIER.

Pour lors, je vas prévenir le vieux Pierquin de votre arrivée.

> *Sur ces derniers mots et tandis que le courrier sort, le chevalier s'est approché de la table, où, grâce à la lumière que projette la lampe, il a pu lire la lettre écrite par la Maigriotte à la scène précédente.*

## SCÈNE XIII

### LA MAIGRIOTTE, LE CHEVALIER.

LE CHEVALIER, après avoir lu.

Parbleu ! voilà qui est étrange !... (*A la Maigriotte.*) Pourriez-vous me dire, mon enfant, quelle main a tracé ces lignes?... Une main de femme, à coup sûr, et qui tremblait... Mais vous-même... cette main, ah! j'en suis certain, maintenant, cette main, c'est la vôtre...

> *L'orchestre joue en sourdine l'air des Dragons de Villars : « Ne parle pas, Rose, je t'en supplie. »*

LA MAIGRIOTTE.

Silence, chevalier, silence... et par grâce, écoutez-moi ..

LE CHEVALIER.

Pourquoi donc ce trouble, cette émotion ? (*Il la prend par la main et l'attire devant lui; dans ce mouvement, la jeune fille se trouve éclairée par la lampe; le chevalier la considère un instant, puis, comme frappé de stupéfaction, il recule de quelques pas, et s'écrie :*) Vous!... vous ici!... sous ce déguisement ! sous ces haillons !...

LA MAIGRIOTTE.

Monsieur!... Etes-vous en démence !

LE CHEVALIER.

Oh ! je ne me trompe pas... ce n'est point une illusion... Vous êtes...

LA MAIGRIOTTE, *l'interrompant.*

Je suis la Maigriotte, une servante de ferme... une pauvre fille, recueillie dans cette maison, par charité...

LE CHEVALIER, *avec tristesse.*

Ah! vous vous défiez de moi... c'est mal...

LA MAIGRIOTTE.

Je vous le répète... vous vous trompez.

LE CHEVALIER.

*Il est remonté, a ouvert la porte du fond, fait un signe au dehors et fait entrer un vieillard.*

Venez... mais venez donc! (*A la Maigriotte.*) Et à lui... lui direz-vous qu'il se trompe ?

LA MAIGRIOTTE.

Noël !... Noël !... *Elle court se jeter dans ses bras.*

NOEL.

Mademoiselle !... Oh ! ma noble demoiselle !...

## SCÈNE XIV

### NOEL, LA MAIGRIOTTE, LE CHEVALIER.

LA MAIGRIOTTE.

Toi !... c'est bien toi !... Hélas! que ne puis-je aussi embrasser mon père !

NOEL.

Il n'est plus !... Ils l'ont tué... (*Elle se laisse fléchir sur une chaise apportée par Gué-Briac, et que celui-ci a prise près de la table.*) Du courage, mademoiselle... Dieu m'a soumis moi-même à de terribles épreuves; mais je ne me plains plus, puisqu'avant de mourir, il m'a permis de vous retrouver, de vous revoir !... Je vous cherchais depuis si longtemps!...

LA MAIGRIOTTE.

Mon bon Noël !

NOEL.

N'avais-je pas juré de veiller sur vous, de ne jamais vous quitter?... Ah! le ciel m'est témoin que j'eusse

tenu mon serment, si de misérables assassins ne m'a-
vaient, après leur lâche guet-apens, laissé mourant
sur une route... Quand je revins à moi, vous aviez disparu. —Depuis ce temps, je vous ai cherchée partout
sans relâche, quand enfin, à Coblentz, je fis la rencon-
tre du chevalier de Gué-Briac, qui m'offrit de conti-
nuer ensemble nos recherches.

LA MAIGRIOTTE, se levant.

Merci, chevalier. (*Prenant la main gauche du chevalier et se levant.*) Déjà vous m'avez sauvé la vie; maintenant, vous me rendez Noël, merci ! (*y plaçant son
autre main, puis les amenant plus bas.*) Mais je suis ici
entre mille dangers; je vous en conjure, ne révélez
à personne le véritable nom de la servante du fermier
Gérôme.

*Elle reporte la chaise.*

LE CHEVALIER,<br>
debout, à l'extrémité basse de la table.

Mademoiselle, comptez sur mon silence comme sur
mon dévouement.

*Il baise la main de la jeune fille.*

NOEL.

Vous, noble demoiselle !... vous, servante !...

LA MAIGRIOTTE.

M'aimerais-tu mieux morte ? (*Reprenant le milieu.*
Quand la voiture qui nous emportait eût été arrêtée,
mise au pillage; quand je t'ai vu étendu sur le sol,
inanimé, j'étais folle, moi!... Je ne savais où aller, que
devenir, lorsque de pauvres fermiers me recueillirent
et m'envoyèrent garder leur troupeau.

NOEL.

Mais ne pouviez-vous dire votre nom?

LE CHEVALIER.

Vous faire connaître enfin?

LA MAIGRIOTTE.

N'était-ce pas m'exposer de nouveau à nos ennemis?... Les conversations du soir, à la veillée, m'apprenaient vaguement les terribles événements qui s'accomplissaient à Paris... J'étais dévorée du désir de connaître le sort de mon père... C'est alors que je conçus le projet de me rendre à la ferme de Gérôme, où j'avais reçu ses derniers adieux!... Le vieux Gérôme qui, seul, m'avait vu, étant mort, personne ne me reconnut, et l'on m'accueillit comme fille de ferme, sous ce toit, où mon père avait commandé en maître !

NOEL.

Et où vous avez vu tous vos biens tombés aux mains de Pierquin et de Gérôme.

LA MAIGRIOTTE, *vivement*.

N'accuse pas Gérôme; il a été bon pour moi. C'est une nature un peu sauvage, rude et austère, violente, brutale même, mais franche et honnête.

LE CHEVALIER.

Mais, généreuse enfant, cet homme vous a dépouillée, volée...

LA MAIGRIOTTE, *avec chaleur*.

Non, non, je réponds de lui.

NOEL.

Cependant, il s'est emparé de vos biens, de complicité avec Pierquin.

LA MAIGRIOTTE.

Qui te dit que cette complicité n'est pas feinte?... Qu'on lui donne la preuve que ces biens ne sont aux mains de Pierquin que par quelque infernal artifice, il saura bien le forcer de les rendre. Mais cette preuve, Noël, cette preuve, où la prendre, où la trouver? Tu ne réponds pas... Ah! je le savais bien, cette preuve n'existe pas.

NOEL.

Eh bien ! elle existe ! C'est une déclaration du vieux Gérôme, par laquelle il reconnaît ce *fidéi-commis*. Seul, je peux l'attester, car, seul de nous trois, je vis encore, et je vais tout mettre en œuvre pour retrouver ce titre.

## SCÈNE XV

### Les mêmes, JEANNE.

JEANNE, *paraissant au fond.*

René!... René!... Le courrier ne m'avait donc pas trompé!... c'est vous, je vous revois!

LE CHEVALIER.

Oui, Jeanne, c'est moi... Et avant que votre oncle ne vienne, écoutez-moi bien... Regardez cette jeune fille...

JEANNE.

Vous la connaissez ?

LE CHEVALIER.

Oui.

JEANNE.

Vous l'aimez... peut-être !

LE CHEVALIER.

Comme un frère.

JEANNE.

Qu'exigez-vous de moi ?

LE CHEVALIER.

Que vous la protégiez!...

JEANNE,
*subissant la domination du chevalier, va vers la Maigriotte, et, lui tendant la main :*

Voulez-vous me pardonner, ma sœur?

*La Maigriotte, que ces émotions successives ont brisée, est soutenue par Noël. Un grand temps se passe pendant lequel Jeanne, à droite, devant le chevalier, l'invite du geste à se jeter dans ses bras, tandis que la Maigriotte, à gauche, semble, du regard, consulter Noël. A la fin, elle court à Jeanne et l'embrasse.*

LA MAIGRIOTTE.

Jeanne!...

LE CHEVALIER, *serrant la main de Jeanne.*

C'est bien, Jeanne! Vous êtes une noble fille !

FIN DU TROISIÈME ACTE

# ACTE QUATRIÈME

Chez Pierquin. Porte au fond ouvrant sur une route; à droite
de cette porte un buffet; au-dessus du buffet, une fenêtre;
dans l'angle de gauche, quelques marches, munies de ram-
pes, conduisant à la chambre de Jeanne. A droite, une
table, siéges rustiques et bancs des deux côtés de la scène.

—

## SCÈNE PREMIÈRE

THOMAS GRÉDELUE, *le vieux* SIMON, VINCENT,
GROS-PIERRE, *assis à gauche et causant entre eux
avec animation. Près de la table, à l'extrémité de laquelle est assis* SYLVAIN, *plusieurs femmes, parmi
lesquelles la mère* RAMONNE *et sa fille.*

THOMAS GRÉDELUE.

Nous fait-il assez croquer l' marmot, c' Pierquin d'
malheur !

VINCENT.

V'là plus d'une heure que nous sommes là à l'es-
pérer.

GROS-PIERRE.

Bah ! il n'est point pressé, lui... Il s' dit comme ça
qu'il nous r'trouv'ra toujours pour nous faire aligner
nos écus.

THOMAS.

Ah ! ça, et toi, père Simon, tu endures ça en patience ?

LE PÈRE SIMON, *assis à l'écart.*

Moi, j' sais d'expérience que de murmurer et de
geindre n'avance à rien. Par ainsi, je m' tais.

THOMAS.

Ainsi, tu trouves que tout va bien ?

SIMON.

Oui, depuis le temps où vous avez dit que tout allait mal.

THOMAS.

T'es donc satisfait d' ton sort ?

SIMON.

Je n' dis point ça... je m' tais.

THOMAS.

Faut p't'être remercier l' Pierquin d'avoir quasiment doublé le prix des fermages, augmenté les r'devances, tant et tant, qu'après avoir travaillé et fait suer la terre en f'sant suer not' corps, nous sommes chaque année plus pauvres que d'vant. T'es content d' ça, toi ?

SIMON.

Je n' me plains pas... je m' tais.

VINCENT.

Voyons, père Simon, vous êtes un homme âgé, vous, honnête et d' bon conseil. Ça doit-il s'endurer de s' voir rançonnés d' la sorte par c'te sangsue d' Pierquin ? Parlez, on vous écoutera.

SIMON.

J'ai parlé dans le temps, et l'on ne m'a point écouté.

VINCENT.

Eh ben ! n'ayez point d' rancune, parlez à c't' heure, on vous écoutera, j' vous dis.

TOUS.

Oui, oui, père Simon, parlez.

SYLVAIN.

Silence donc, vous autres... Il n'y a pas moyen de s'entendre ici.

VINCENT,

*frappant de son bâton sur la table devant laquelle est assis Sylvain, qui manque de tomber à la renverse et se réfugie derrière les femmes.*

Te tairas-tu, toi, mauvais barbouilleur d'encre ?

THOMAS.

Nous le payons assez cher, le droit de parler, entends-tu, méchant écrivassier ?

GROS-PIERRE.

Et nous crierons, si nous voulons !

VINCENT.

Si tu t'avises encore d'ouvrir la bouche, je te ferai
passer l'envie de jaser. (*Le tirant de la place où il s'est
blotti et d'où il court à Ramonne qui le fait asseoir entre
elle et Suzanne.*) Marche donc, clampin ! t'as pas honte
de te réfugier derrière les jupons ?

LA MÈRE RAMONNE.

Allons, ne lui faites point d' mal, à ce petit ange du
bon Dieu !

VINCENT.

C'est bon, on n' vous l'endommagera pas, vot' coqueluche ! Mais, plus un mot, ou gare les éclabous-
sures !... (*Revenant à Simon.*) Voyons, père Simon,
qué qu' vous pensez de tout ça ?

SIMON.

Je pense qu'il est arrivé ce que vous cherchiez ; que
je vous l'avais prédit et que vous l'avez voulu... Et moi
qui ne l'avais point souhaité, je l'endure bien... et je
m' tais. Par ainsi, faites comme moi, taisez-vous, et
payez.


## SCÈNE II

### LES MÊMES, PIERQUIN.


PIERQUIN

*sort de la porte du premier plan de gauche en se frottant
les mains.*

Hé ! hé ! hé ! V'là les abeilles qui s'en viennent à la
ruche... Approchez, mes enfants, approchez : c'est toujours avec plaisir que j' vous r'vois. (*Il se place à table
à côté de Sylvain.*) Té, la mère Ramonne... Bonjour,
mère Ramonne... Et la petite Suzanne... Et Javotte...

Et Manon... Allons, c'est bien... Tout l' monde y est..
Par qui commençons-nous ?

THOMAS,<br>
s'approchant de la table, une sacoche à la main.

V'là une heure que j'attends, et j' suis pressé... Si
ça ne vous fait rien, commencez par moi... V'là l'argent, le compte y est. Seulement, la récolte a été mauvaise ; je m' suis endetté de cent écus pour vous payer
le fermage de c't' année. Faut m' diminuer d' ça pour
l'an qui vient. .

PIERQUIN.

Impossible, Thomas Grédelue, impossible.

THOMAS.

Mais c'est une indignité ; vous m' faites payer deux
fois c' que j' payais à m'sieur le duc. C'est-il ça qu'on
nous promettait ?

PIERQUIN.

Tout ça, c' n'est point m' affaire. Gardes-tu, oui ou
non ?

THOMAS.

Il le faut bien. Quand on a une femme, des enfants...
Où aller ?... (A part et en lui montrant le poing.) Ah !
mauvais chien, va !

PIERQUIN.

Marque ça, Sylvain. Et toi, Vincent, qu'est-ce que
tu m'apportes-là ? Des assignats... j'en veux point.

VINCENT.

Mais pourtant, on m' paie ainsi, moi...

PIERQUIN.

Ça n' me regarde point, moi. J' veux des écus sonnants. J' te donne jusqu'à demain ; sinon, tu m' connais...

VINCENT.

Oh ! oui, qu'on t' connaît... pour not' malheur.

Il s'éloigne à son tour en murmurant.

GROS-PIERRE.

J' vous paie en jaunets; Pierquin; mais il y a huit
livres à me remettre en retour, de plus que l' compte.

PIERQUIN,

*à Sylvain qui s'est rapproché des jeunes filles et cause
avec elles.*

C'est-il ça, Sylvain?... Eh bé! où qu'il est? Qué qu'
tu fais là? Veux-tu me répondre, nom de nom!...

SYLVAIN.

Ne vous fâchez pas, patron, je causais... C'est si gentil, les femmes!...

PIERQUIN.

Sans doute... C'est très gentil... Je n' dis pas non...
Mais c'est pas l' moment. Il y a temps pour tout. Les
affaires sont les affaires, je n' connais qu' ça, moi.
Voyons, c'est-il le compte à Gros-Pierre?

SYLVAIN.

Oui, patron, il y a huit livres à rendre.

PIERQUIN, *comme à regret.*

Alors faut que j' te compte huit livres... Heigne!...
(*Il cherche dans ses poches et finit par en tirer un assignat de cinq livres.*) Huit livres... Ah! je crois que j'ai
ton affaire... En v'là toujours cinq. Dis donc, Sylvain,
t'aurais pas d' monnaie, toi?

SYLVAIN.

Vous savez bien que vous ne me laissez jamais d'argent..

PIERQUIN.

C'est bon, c'est bon. On ne dit pas de ces choses-là
devant le monde. (*Il remet l'assignat dans son gousset.
A Gros-Pierre.*) T'as ton compte, à c't' heure.

GROS-PIERRE.

Comment! V'là que vous gardez tout?

PIERQUIN.

Ah! tiens, j' l'avais remis dans ma poquette. Une
traction, quoi!

GROS-PIERRE,
*en recevant l'assignat et trois livres.* .

Hein    un assignat... mais vous v'nez d' dire à Vincent.

PIERQUIN, *vivement.*

Qué qu' j'y ai dit, à Vincent? Voyons, qu'é qu' j'y ai dit? que je n' veux point r'cevoir d'assignats? Hé! ma fine, non. Mais j'entends et j' prétends qu'on en reçoive d' moi. Voilà... (*Murmures.*) Faut que j' vous dise, mes enfants, pendant que vous v'là tous réunis, que j' vous ménage pour c'te fois une petite surprise.

TOUS,
*excepté Simon.*

Ah!... Qu'est-ce que c'est?

PIERQUIN.

Pour l'année qui vient, faudra qu' chacun d' vous ici présents m' baille, à titre de r'devance, un sac de blé en plus d' ceux qui sont portés su' l' contrat d' fermage.

VINCENT,
*dont la voix domine les murmures.*

Encore!... Mais tu veux donc not' ruine?... C'est-il de ça que nous sommes convenus?

PIERQUIN, *se levant.*

Il n'y a pas de convenances; il n'y en a pas. Les affaires sont les affaires... je n' connais qu' ça, moi... (*Assis, au père Simon qui s'est levé et s'approche.*) Tiens, c'est l' père Simon. Je l'avais oublié, c' vieux-là.

LE PÈRE SIMON.

Je n' t'oublie pas, moi.
*Il pose son argent sur la table.*

PIERQUIN.

Et t'as point d' réclamation à m' faire, toi?

SIMON.

Non... Je m' tais... Voilà toujours mon compte, en attendant que là-haut on règle le tien.
*Il s'éloigne.*

PIERQUIN, *à part.*

Il a toujours quéqu' mauvais propos à vous dire, celui-là.

## SCÈNE III

### Les Mêmes, GÉROME.

GÉROME, *en entrant.*

Bonjour, tout le monde !

TOUS.

Bonjour, Gérôme ! Bonjour, maître Gérôme !

SIMON.

Ce n'est pas lui qui nous ferait ces misères !

LES FERMIERS.

C'est vrai. Gérôme est un bon maître.

PIERQUIN.

T'as à m' parler, mon garçon ?

GÉROME.

Oui, mais rien ne presse... Quand tu auras fini.

SIMON.

As-tu des nouvelles de Paris, Gérôme ? Dis-nous ce qu'on y fait et si l'on y pense aux enfants des campagnes...

GÉROME.

Oui, Simon, on pense à nous. La Convention, en veillant aux destinées de la France, n'a pas oublié que si nous recevons de Paris la lumière, c'est de nous que lui vient le blé. De tous les points, de tous les districts, s'élève une voix qui part de nos rangs et monte jusqu'à elle.

SIMON.

Et pour la contrée, c'est toi qui as été choisi. On a bien fait.

TOUS.

Oui, on a bien fait.

GÉROME.

Vivant au milieu de vous, j'ai pu recueillir vos plaintes et toucher vos blessures. J'ai distingué le mouton bêlant du chacal avide. S'il en est parmi vous de plus malheureux, protégez-les, secourez-les. S'il se trouve de mauvais riches qui vous rançonnent (*tous les regards se portent sur Pierquin*) et vous poussent à la misère, unissez-vous et défendez-vous. Le temps n'est plus où la terre voyait ses enfants, par milliers, fléchissant sous le joug d'un seul. Vous êtes tous libres ; nous sommes tous égaux. Place aux plus éclairés et aux plus honnêtes !...

TOUS.

Oui ! oui ! Vive Gérôme !

GÉROME.

Ainsi, redresse-toi, paysan, laboureur ou berger ! Lève les yeux, regarde à l'horizon, et salue le soleil qui va répandre sur la France les clartés républicaines ! Vous tous, artisans de la terre, soldats de la charrue, vous aurez votre part de lumière, votre rayon de soleil ! « Le sang qui a coulé pour la conquête de nos « droits sera comme une pluie bienfaisante qui fécon- « dera le sol de la patrie. » La révolution de 89 vous affranchit ; elle vous sacre citoyens et donne aux plus humbles et aux plus courbés l'indépendance et la liberté !

TOUS.

Vive Gérôme !

PIERQUIN.

Hé bé ! T'as tout dit, à c' t'heure ? Oui. Par ainsi, je n' vous r'tiens pas, mes enfants. Toi, Sylvain, emmène les femmes dans l'autre salle ; tu achèveras de régler les comptes avec elles.

SYLVAIN.

Avec plaisir, patron... c'est si gentil, les femmes !

*Il prend une des jeunes filles sous chacun de ses bras, et entre à droite, suivi des autres femmes, tandis que les hommes sortent par le fond en murmurant.*

5.

## SCÈNE IV

### PIERQUIN, GÉROME.

PIERQUIN.

Pour lors, te v'là délégué, à c't' heure... Et qué qu'
ça t' rapporte ?

GÉROME.

L'honneur de servir mon pays !... Mais tu ne comprendrais rien à cela, toi ; parlons de ce qui m'amène.
Nous sommes seuls ?

PIERQUIN,
*après avoir regardé autour de lui.*

Oui.

*Il prononce ce mot comme un sifflement.*

GÉROME.

Il paraît que le chevalier est arrivé.

PIERQUIN.

Oui.

GÉROME.

Eh bien ! faut-il t'arracher les paroles ? Qu'est-ce
qu'il t'a dit ? Explique-toi.

PIERQUIN

J' peux rien t' dire, puisque je n' sais rien. Mais il
doit venir tantôt, ici, et t'en sauras aussi long que moi,
quand il aura parlé... Maintenant, puisqu'aussi bien
nous v'là seul à seul, faut que tu abattes ton jeu, mon
fieu... J' joue cartes su' table, moi, et j' veux voir clair
dans les tiennes.

GÉROME.

Ah ! çà, qu'est-ce que tu me chantes là ?

PIERQUIN.

J' vas te l' dire et ça n' sera pas long. Primo, d'a-
bord et d'une, oui ou non, épouses-tu la Jeanne ?

GÉROME.

C'est donc de la Jeanne que tu veux me parler ?

PIERQUIN.

D'elle, d'abord ; d'aut' chose après.

GÉROME.

Alors, passons tout de suite à l'autre chose.

PIERQUIN.

C' qui veut dire que tu n'épouses point, pas vrai ?

GÉROME.

Il faut croire que tu es sorcier.

PIERQUIN.

Plus sorcier que tu n' voudrais p't'être, car la raison
d' ton r'noncement, j' la connais moi, hé ! hé ! hé !

GÉROME.

Et cette raison ?

PIERQUIN.

Suffit... j' m'entends.

GÉROME.

Non, pas de détours... Explique-toi...

PIERQUIN.

Eh bé ! j' n'irai point par quat' chemins. T'es amoureux d' la Maigriotte.

GÉROME, *se levant.*

Ah ! j'étais bien sûr que tu ruminais quelque mé-
chanceté. Et ce propos ne pouvait venir que de toi..

PIERQUIN, *se levant à son tour.*

Que t'es simple, mon pauv' Gérôme ! Mais à l'heure
qu'il est, la Maigriotte et Jeanne sont amies comm
deux sœurs.

GÉROME.

Ce n'est pas possible... Ce n'est pas vrai... Tu en as
menti !...

PIERQUIN.

Et si j' t' disais qu'elle est ici, chez moi, dans c'te
chambre ?

*Il indique la porte de droite.*

GÉROME

Tu en as menti, te dis-je... tu en as menti.

PIERQUIN, *ricanant.*

Hé ! hé ! hé !

*Il va à cette porte, l'ouvre. La Maigriotte paraît.*

## SCÈNE V

LES MÊMES, LA MAIGRIOTTE.

GÉROME.

Elle ! chez Pierquin !... c'est un piége infâme !

PIERQUIN.

Dis-y donc, petite, que c'est d' plein gré que t'as quitté la ferme et de plein gré aussi que t'es venue ici.

GÉROME.

Non, non, tu mens encore... (*A la jeune fille.*) Parle, toi, mon enfant ; ce que cet homme vient de dire, est-ce vrai ?

LA MAIGRIOTTE.

C'est la vérité.

PIERQUIN.

Tu vois ben.

GÉROME.

Je ne te parle pas, à toi... Ainsi, tu es venue chez lui ?

LA MAIGRIOTTE.

Oui.

GÉROME.

Oh !... Mais, ayant consenti à ce que tu me demandais, pourquoi avoir quitté la ferme ? (*Elle garde le silence.*) Tu ne me réponds pas ?

LA MAIGRIOTTE.

Je ne peux pas vous répondre.

GÉROME.

Alors, c'est sans motifs, sans raisons.

LA MAIGRIOTTE.

Oh! si...

GÉROME.

Eh bien ! je veux les connaître.

PIERQUIN.

N' la tourmente donc point, puisqu'elle ne veut rien
dire...

GÉROME, *avec emportement.*

Encore une fois, je ne te parle pas, à toi. Je devine
quelque odieuse machination, quelque trame ourdie
par toi... et je veux la défendre contre toi, contre tous !

PIERQUIN.

V'là qu' tu prends ben subitement sa défense, après
avoir dit, il n'y a qu'un instant, que tu ne l'aimais seulement point.

GÉROME.

Te tairas-tu, serpent!... ou je ne réponds plus de
moi.

LA MAIGRIOTTE,
*cherchant à calmer Gérôme.*

Ah! maître, maître !...

GÉROME.

Une dernière fois, veux-tu me dire...

LA MAIGRIOTTE.

Non ! j'ai promis, j'ai juré de me taire.

JEANNE, *sortant de sa chambre.*

Eh bien ! moi, qui n'ai rien promis ni juré, je vais
vous le dire...

## SCÈNE VI

PIERQUIN, GÉROME, LA MAIGRIOTTE, JEANNE.

GÉROME.

Vous, Jeanne !...

JEANNE, *s'avançant.*

Oui, moi... Mon oncle, que voilà, s'est mis en tête de nous marier, ce qui n'est ni dans vos idées, ni dans les miennes surtout. Ne s'est-il pas avisé de dire à cette enfant que c'est elle qui est cause de votre mauvais vouloir ?... qu'en quittant votre ferme, en venant ici ou en s'éloignant du pays, l'affaire pourrait s'arranger... (*Ironiquement à Pierquin qui n'a cessé de chercher à l'empêcher de parler, tantôt en la tirant par la jupe, tantôt en lui parlant à voix basse.*) Voilà, mon oncle !

GÉROME.

Ah ! j'étais bien sûr de quelque méchante invention. Viens, mon enfant, viens, je vais te reconduire à la ferme ; mais avant de t'en aller, considère bien cet homme et regarde cette maison. Puisque tu as encore un Dieu à invoquer dans tes prières, demande-lui qu'il te garde contre l'un et t'éloigne de l'autre. Viens. (*Il la fait passer près de Jeanne qui lui prend la main, puis descend vers Pierquin.*) Quant à toi, si tu souilles encore une fois cette enfant de tes propos ou de tes regards, tu me trouveras, comme en ce moment, devant toi ; prends-y garde alors, et n'attends de moi ni grâce ni pitié !... Viens, viens !

*Il remonte, serre la main de Jeanne et entraîne la jeune fille.*

## SCÈNE VII

### PIERQUIN, JEANNE.

PIERQUIN.

*Après la sortie de Gérôme, il va vivement jusqu'à la porte et lui montre le poing d'un air comiquement furieux.*

Tu n'auras d' cesse, Jeanne, que quand tu m'auras fait faire qué'que mauvais parti par c' Gérôme.

JEANNE.

Vous l'aurez cherché, mon oncle ; ne vous plaignez pas.

PIERQUIN.

Mais j' réfléchi pour toi, moi... Et ça m' saigne l'
cœur de penser qu' si c' mariage ne s' fait point, faudra faire un partage, rend' des comptes... Est-ce que
j' sais? Tandis que d' l'aut' manière, l' magot restait
dans la famille...

.JEANNE.

Eh! que m' fait l'argent, à moi! Est-ce que j'y tiens?
Je suis riche, eh bien! je donnerais tout, tout! pour
être aimée... et pour ce bonheur-là, ah! grand Dieu!
je m'en irais volontiers, pieds nus, gagner ma pauvre
vie, en travaillant sur les grands chemins.

PIERQUIN.

Et dire que c'est c'te p'tite rien du tout qu'est cause
de tout ça... Car il en tient pour elle... ça s' voit ben...
Et il la préfère à toi, qu'es pourtant plus belle et riche... Ça n' te fait rien, ça ?

JEANNE, *d'un ton sec, mais qui trahit un peu de dépit.*
Non... rien...

PIERQUIN, *la regardant en dessous.*

Rien ?... C'pendant, aut'fois, c'est toi qu'il courtisait.
(*Il paraît chercher à lui inspirer quelque jalousie, et d'un
ton qui laisse percer un sentiment de convoitise :*) L' fait
est qu'elle n'est point tant mal avec sa p'tite frimousse
chiffonnée... C'est vrai qu'elle a d' l'agrément dans la
physionomie... Tu n' sais point, la Jeanne.... j'ai
comme envie de la prend' à mon service.

JEANNE, *d'un air indifférent.*
A votre aise.

PIERQUIN.

Pour lors, je l'emmènerais... J' lui f'rais voir el pays,
quoi !... Si ben que c' beau Gérôme, n' l'ayant p'us sous
les yeux, t' reviendrait p't'être à toi...

JEANNE.
Eh! faites d'elle ce que vous voudrez : votre ser-

vante ou votre... femme, que m'importe! Vous savez bien que je n'ai rien là pour Gérôme...

PIERQUIN, *avec un peu de sensibilité.*

Tu l'aimes donc ben, l'autre?...

JEANNE, *sourdement.*

Non.

PIERQUIN.

Eh ! bé!

JEANNE.

Il y a des moments où je crois que je le déteste.

PIERQUIN.

V'là qu'est ben!

JEANNE, *d'un ton glacial.*

D'autres moments, c'est vous que je hais.

PIERQUIN.

V'là qu'est mal !

JEANNE.

Oui, vous ! N'est-ce pas vous qui l'avez éloigné, qui l'avez envoyé... je ne sais où, bien loin, vous disant: Elle oubliera... Mais ni le temps ni les voyages n'ont pu me faire oublier. Un jour, vous êtes venu m'annoncer qu'il était mort... Mort, lui ! Et le coup fut si rude qu'il faillit me tuer...

PIERQUIN.

Ma Jeanne!...

JEANNE.

Voyant que je restais fidèle au mort, comme je l'avais été au vivant, vous avez compris qu'il fallait changer de ruse... Et le mort ressuscita. Seulement, il est marié, me disiez-vous... Ah ! je le préférais mort!

PIERQUIN.

C'était pour ton bien ..

JEANNE.

Ne m'approchez pas... Vous me faites horreur !..
Marié !... Ah ! cette fois, le mensonge était bien in-

venté et la trahison fit ce que n'avaient pu faire ni l'éloignement, ni les années, ni la mort... Je n'oubliai pas, non !... mais la haine et toutes les passions mauvaises se glissèrent dans ma poitrine et rongèrent mon sein... Je suis devenue méchante, orgueilleuse et dure autant qu'autrefois j'étais bonne, indulgente et généreuse... Je fais souffrir tous ceux qui m'approchent, et hier encore... Mais à quoi bon ? (*Elle traverse le théâtre en remontant jusqu'à la table, où elle prend une chaise, qu'elle fait tenir sur les deux pieds de devant en s'appuyant sur le dossier.*) Tout cela, c'est votre ouvrage, mon oncle Pierquin... Eh bien ! êtes-vous content de moi ? Quand vous m'avez vue indifférente à tout, même à la vie, vous m'avez poussée vers Gérôme. Je vous ai laissé faire et me suis laissé conduire... Lui... ou un autre, ou personne, que m'importait à moi ! Est-ce qu'on peut aimer deux fois comme j'ai aimé ? (*Elle reprend le milieu de la scène où, d'un mouvement brusque, elle porte la chaise, le dossier tourné vers elle.*) Tenez, vous n'avez jamais eu qu'une tendresse, vous : celle de l'or... de l'or, que vous avez entassé, que vous avez enfoui dans l'une des salles du château...

PIERQUIN.

Silence, malheureuse ! silence... Si l'on t'entendait !...

JEANNE.

Ah ! voilà déjà que vous tremblez, n'est-ce pas ? Vous avez peur... Vous craignez pour votre trésor, pour votre amour, qu'un voleur ne vienne et ne s'en empare...

PIERQUIN.

Tais-toi, tais-toi !...
*Il se laisse tomber sur la chaise, le bras ballant passé par-dessus le dossier.*

JEANNE.

Eh bien ! si un jour il disparaissait... si on vous le

volait, ce cher trésor !... Vous voilà cherchant, fouillant, creusant, invoquant Dieu, que vous n'aviez jamais prié... Mais, rien !... Le trésor a disparu:... Et durant des années, sans trève, sans relâche, vous appelez en vain, vous dévorez votre douleur, vous buvez vos larmes, vous cuvez votre rage impuissante... Enfin ! au bout de ce temps, et quand vous n'espérez plus... lorsque vous vous êtes résigné à votre misère, voilà qu'on vous rapporte cet or, ce bien si précieux et plus cher que la vie... Mais quoi ! vos yeux n'ont plus de regards, vos lèvres plus de sourire, vous ne reconnaissez pas votre amour, ce trésor qui vous est rendu, que vous avez tant pleuré et dont la vue ne vous fait plus tressaillir... Non, vous êtes devenu fou, fou, fou !... Eh bien, après m'avoir arraché mon cœur de la poitrine, et me l'avoir cruellement, odieusement déchiré, voilà que vous me le rapportez tout pantelant et saignant de ses blessures... Mais ma poitrine s'est refermée... mais elle est devenue trop étroite pour contenir ce cœur dilaté par un si grand amour, et je ne sais plus aimer, moi! je ne veux plus aimer! je ne peux plus aimer !

PIERQUIN.

Pitié ! pitié ! Jeanne !

JEANNE.

Non, point de pitié !... Je n'en ai plus... Il fallait donc me tuer tout à fait, puisque vous deviez me le rendre, puisque je devais le revoir... et que maintenant je ne sens plus rien là qui batte et me le fasse aimer !...

## SCÈNE VIII

PIERQUIN, *en proie à une prostration complète, affaissé sur la chaise, la tête dans ses mains, les coudes sur ses genoux.* JEANNE, *toute frémissante, le foudroie du regard.* SYLVAIN, *accourant de la droite.*

SYLVAIN.

Patron, patron !... venez vite, un incendie !...

PIERQUIN, *comme hébété.*

Un incendie! un incendie!...

*Il se redresse et jette à quelques pas de lui la chaise*
*que Sylvain ramassera avant de sortir.*

SYLVAIN.

Oui, et l'on soupçonne que c'est Vincent, à qui vous
avez refusé ses assignats, qui a mis le feu à la ferme.

PIERQUIN.

J'y vas... J'y vas!... C'est vrai!... Ah! v'là le feu!...

*Il se précipite vers la porte du fond et s'en va suivi*
*de Sylvain. Une grande lueur rouge éclaire le fond*
*de la scène.*

## SCÈNE IX

JEANNE *seule, puis* LE CHEVALIER.

JEANNE,
*sur le seuil de la porte qui est restée ouverte.*

Oui, c'est le feu!... La flamme se voit d'ici... Oh!
c'est horrible!... Voilà ton châtiment qui commence,
oncle Pierquin!... Ce Vincent est un honnête homme;
tu l'as poussé à cette vengeance!... Mais il a une
femme, des enfants... Que vont-ils devenir? Les malheureux!... Ils sont perdus!...

LE CHEVALIER,
*accourant les vêtements en désordre; il place sur la table*
*son chapeau qu'il tenait à la main.*

Ils sont sauvés!...

JEANNE.

René!

LE CHEVALIER.

Ils sont sauvés, vous dis-je, et vous pouvez m'en
croire, puisque vous me voyez ici!... (*Il ouvre la porte*
*de droite.*) Mais je comptais rencontrer votre oncle et
Gérôme...

JEANNE.

Attendez-les; ils vont revenir.

LE CHEVALIER,
*faisant un pas vers le fond après avoir repris son cha-*
*peau.*

Alors, je vais... au-devant d'eux.

JEANNE,
*avec fermeté en se plaçant devant la porte qu'elle re-*
*ferme.*

Restez. Vous essaieriez en vain de m'échapper encore, comme hier, comme toujours. Restez. Cette fois,
je veux vous parler, je veux que vous m'écoutiez.

LE CHEVALIER.
Laissez-moi, Jeanne. Ce que vous pourriez me dire,
je le devine ; ce que vous voulez m'apprendre, je le
sais. Laissez-moi.

JEANNE.
Et moi, je te dis que tu m'écouteras. (*Le chevalier
s'asseoit d'un air résigné.*) N'ai-je pas acheté ce droit ?
Ne l'ai-je pas payé assez cher pour que tu m'entendes?
M'a-t-on épargné l'opprobre et l'humiliation ! Mais
qu'importe ! je me suis parée de ma honte, comme on
ferait d'un titre de noblesse.

LE CHEVALIER.
Jeanne !...

JEANNE.
Durant cette longue absence, m'as-tu seulement fait
l'aumône d'une pensée, d'un regret ?... Une fois, tu es
revenu, et c'était pour me désespérer par un adieu que
j'ai souvent cru éternel. C'était au Val-Creux, tu t'en
souviens. Et comme je me traînais à tes pieds, te suppliant de rester ou de m'emmener, mon mantelet se
détacha de mes épaules... La pauvre innocente qui me
l'a rendu hier, n'y a pas retrouvé les traces de mes
larmes, et n'a pas pu comprendre que, de ce jour, j'a-
vais pris le deuil de ma jeunesse.

LE CHEVALIER,
*qui s'est levé et est remonté jusqu'au fond, revient lente-*
*ment à Jeanne.*
Je porte bien celui de tous ceux que j'aimais, moi !

N'avez-vous donc pas encore compris, Jeanne, qu'il y
a entre nous un abîme, une tombe... celle qu'ont creu-
sée les vôtres en enterrant les miens. Et vous voulez
que par-dessus cette fosse où s'entassent les cadavres,
je vous dise en vous tendant la main : Touchez là, citoyenne Pierquin ; les vôtres et les miens, le bourreau et la victime sont dignes de s'entendre !...

LE CHEVALIER.

JEANNE.

Eh ! que ne l'a-t-on comblée, cette fosse sur laquelle
s'est élevé l'autel de la liberté ! Vous voyez bien qu'elle
existe toujours, puisque le sol mal aplani, sur lequel
nous marchons tous deux, ne permet pas à la citoyenne
Pierquin de suivre, même dans son exil, le chevalier
de Gué-Briac ! *Elle va à la table.*

LE CHEVALIER, *avec émotion.*

C'est donc cette heure sombre où nous sommes... où
la France a vu mourir son roi, où tout ce qui peut cou-
ler de sang a été répandu par les vôtres, que vous
choisissez pour me parler de votre amour ?

JEANNE.

*Elle est appuyée contre l'extrémité de la table et, ayant
attiré le chevalier auprès d'elle, lui prend les mains.*

Mon amour ?... Il est mort, et mort aussi mon cœur.
Tu les a tués. Dieu m'est témoin que je t'ai aimé sain-
tement, follement, je ne sais ! Une seule de tes paroles
me faisait sourire ou pleurer... un seul de tes regards
me faisait trembler ou m'ouvrait les cieux... Tout mon
être allait vers toi... Je n'avais pas assez de mon cœur ;
j'aurais voulu te donner ma vie !... Je me serais mise
à tes pieds et t'aurais servi d'esclave. Pour cela, je ne
te demandais que la caresse furtive qu'on donne au
chien, en rentrant au logis... (*Elle le repousse violemment et passe à l'autre bout de la scène.*) Mais toi, comme
un maître orgueilleux et ingrat, tu m'as repoussée du
pied ainsi qu'on fait d'un animal importun ou dange-
reux. Cependant le chevalier de Gué-Briac, qui aurait
honte de mettre dans sa main aristocratique ma main

plébéienne, a bien consenti à recevoir l'argent du citoyen Pierquin.

LE CHEVALIER.

Vous me rappelez cruellement, Jeanne, les services que m'a rendus votre oncle. Appauvri par le jeu, ruiné par la révolution, acculé enfin par une nécessité inexorable, j'ai eu recours à cet homme qui m'a imposé des conditions plus dures encore que l'intérêt usuraire de son argent. Pour des raisons, qu'il se gardait bien de me faire connaître, il m'a mêlé à ses intrigues... mais jusqu'au jour seulement où j'ai deviné son but, pénétré ses projets, compris enfin ma complicité morale. De ce jour, j'ai rompu ma chaîne. Je lui ai fait l'abandon de tout ce que je possède. Je ne lui dois plus rien.

JEANNE.

Ni à moi non plus, n'est-ce pas? Ha! ha! ha!... On emploie toutes les séductions pour arriver à persuader une pauvre fille, qui se livre tout entière et sans réserve, et vous donne toute sa vie en échange d'une fantaisie passagère... Mais elle est du peuple et c'est grand honneur pour elle de servir au caprice d'un grand seigneur! Et quand on a brisé ce hochet d'une heure, on le jette tout meurtri sur le bord de la route, sans s'arrêter pour le plaindre, sans se retourner pour le revoir... Elle est du peuple!... Eh bien! c'est désormais une lutte entre nous deux, « entre toi qui es « noble et moi qui suis plébéienne, » entre toi qui m'as perdue et moi qui veux te sauver, entre toi qui me dédaignes et moi qui me venge... Où tu seras, je serai. Où tu iras, j'irai... Et nous verrons, entends-moi bien, René, nous verrons de quel côté, du tien ou du mien, seront la vraie noblesse et la véritable grandeur!

*Elle entre à gauche*

## SCÈNE X

### Le Chevalier, *puis* PIERQUIN *et* GÉROME.

#### LE CHEVALIER, *seul.*

Et tu dis que tu ne m'aimes plus !... Pauvre fille! Que d'amour encore dans sa haine! Va, tu ne soupçonneras jamais ce qu'il m'a fallu de volonté pour arracher de mon cœur cet amour impossible! Non, ce n'est pas toi que je redoute... Voici ceux qu'il me faut combattre !

#### PIERQUIN,
*entrant par le fond avec Gérôme.*

Hé bé! le voilà c' cher chevalier! C'est lui qui a éteint l'incendie... C'est lui qu'a sauvé Vincent, sa famille... et la ferme!

#### GÉROME.

On ne parle que de votre belle conduite !

#### LE CHEVALIER.

Je n'ai fait que ce que tout autre eût fait à ma place. Mais ce n'est point de cela qu'il s'agit et j'ai hâte de terminer cet entretien... Vous avez dû être surpris de me voir arriver presque en même temps que le courrier qui vous portait ma lettre.

#### GÉROME.

En effet.

#### LE CHEVALIER.

Cette dépêche vous annonçait que j'avais découvert Noël, l'ancien intendant du duc de Clergymont-Sombreuse.

#### PIERQUIN.

Et, dame! c' n' fut point sans peine...

#### LE CHEVALIER.

Vous dites vrai, ce ne fut pas sans peine... Le jour où vous m'avez fait une dernière avance de dix mille livres, je me dirigeai vers Coblentz... Vous paraissiez même prendre au but de mon voyage un intérêt tout particulier, monsieur Pierquin.

PIERQUIN.

P't'êtr' ben, mon chevalier. (*A part.*) Où qu'il veut
en venir?

LE CHEVALIER.

A quelque distance d'ici, je fus rejoint et bientôt dé-
passé par une chaise de poste qu'emportaient deux
chevaux, lancés à fond de train. Je distinguai cependant deux personnes dans la voiture : un homme âgé,
presque un vieillard, et une toute jeune fille, pres-
qu'une enfant. Au bout de peu d'instants, le bruit de
plusieurs coups de feu arriva jusqu'à moi. Je pressai
ma monture, et en approchant de la chaise de poste,
je vis qu'elle avait été arrêtée, assaillie par des misérables payés par vous.

PIERQUIN, *vivement.*

Qué qui dit ça? C'est pas vrai! C'est pas vrai!

LE CHEVALIER.

Le vieillard, quoique blessé, se défendait avec achar-
nement et paraissait surtout chercher à protéger l'enfant, qu'il avait prise dans ses bras; un nouveau coup
de feu retentit et cette fois il tomba sur la route, inanimé... Comme j'arrivais, la voiture était déjà mise au
pillage; je dispersai et poursuivis jusqu'ici tous ces
brigands, qui, dans leur fureur, tuèrent mon cheval
et me blessèrent moi-même ; mais j'ai su depuis
qu'une cassette que contenait le coffre de la voiture
vous a été fidèlement rapportée. N'est-ce toujours pas
vrai, M. Pierquin?

PIERQUIN.

Tonnerre! ils ont parlé, les gueux!

GÉROME.

Une cassette?... Tu ne m'avais point parlé de ça,
Pierquin.

PIERQUIN, *embarrassé.*

Heu! heu!... c'est ben... c'est ben... (*A part.*) Qué
jacasse!... Oh! pitié

LE CHEVALIER.

Pendant ce temps, folle de terreur, la jeune fille, profitant du tumulte, avait pris la fuite. Vous fîtes rechercher le corps du vieillard, laissé pour mort sur la route : il avait disparu, et de l'enfant, on ne découvrit nulle trace... On supposa donc que l'homme n'avait pas été frappé mortellement, qu'il avait retrouvé l'enfant et que tous deux avaient gagné la frontière.

PIERQUIN.

C'est vrai... Eh! bé !... Eh bé !...

LE CHEVALIER.

Or, depuis cette époque, vous m'avez envoyé un peu dans les quatre coins de l'Europe à la recherche des fugitifs. Je m'y prêtais d'assez bonne grâce ; mais jusqu'au jour seulement, où, en découvrant enfin le vieillard, j'ai découvert par lui le mobile de cette poursuite, appris par lui l'intérêt que vous avez à les retrouver tous deux pour les faire disparaître à jamais.

GÉROME.

Que voulez-vous dire ?

LE CHEVALIER.

Je veux dire que vous êtes des misérables qui vouliez me faire jouer un role infâme dans cette odieuse machination.

GÉROME *et* PIERQUIN.

Chevalier!

LE CHEVALIER.

Je veux dire que vous avez dénoncé le duc, qui a payé de sa tête son dévouement au roi ; que vous vouliez faire assassiner sa fille et son intendant, afin que personne ne vînt un jour réclamer le dépôt qui fut confié au père Gérôme.

GÉROME, *avec emportement.*

Ah ! çà, êtes-vous fou, et que parlez-vous de dépôt?

6

PIERQUIN.

Qué qu'il dit! qué qu'il dit! C'est pas vrai d'abord, c'est pas vrai... y a pas eu d' dépôt... nous avons le contrat de vente... c'est pas vrai...

LE CHEVALIER.

Le vieux Noël saura bien vous prouver que ce n'était qu'un fidéicommis.

GÉROME.

Un fidéicommis ?

PIERQUIN, *vivement*.

Et j' vous dis qu' c'est pas vrai!... Finalement, vous r'noncez à nous servir? Fait' attention: faut choisir entr' ami ou ennemi.

LE CHEVALIER.

J'ai choisi: ennemi!

GÉROME.

Qui vous dit, monsieur, de quelle nature est l'intérêt que j'attache à découvrir la fille du duc de Clergymont-Sombreuse? Qui vous donne le droit de suspecter la pureté de mes intentions?

PIERQUIN, *à part*.

Oh! qué malin !

GÉROME.

Rien ne me coûtera pour récompenser dignement celui qui nous la fera retrouver. Songez que c'est la fortune que l'on vous offre, une fortune qui vous permettra de satisfaire tous vos instincts de luxe.

LE CHEVALIER.

J'ai été à l'école de la pauvreté et non à celle du crime. Gardez votre or. Je refuse.

GÉROME.

Mais si, pouvant m'aider à la retrouver, vous gardez le silence, vous avez tout à redouter.

LE CHEVALIER.

Je vous brave !...

**GÉROME.**

Prenez garde...

**LE CHEVALIER.**

Eh! menacez-moi, dénoncez-moi!... Quoi que vous fassiez, vous ne me prendrez pas plus que la vie.

**PIERQUIN.**

Eh! bé! mon gentilhomme, vous pourriez ben être servi à souhait...

**GÉROME.**

Vous ignorez sans doute qu'il y a peine de mort pour les émigrés rentrés en France.

**LE CHEVALIER.**

J'effacerai donc ainsi la honte d'en être sorti... la honte d'avoir passé à mes propres yeux pour votre complice... Si j'ai assisté, sans révolte, au naufrage de ma fortune, je veux conserver sans souillures le seul patrimoine que vous ne puissiez atteindre, mon nom, celui de mon père! Ah! vous avez cru, sans doute, que vous auriez facilement raison d'un pauvre diable perdu de dettes... Vous vous êtes trompé. En ce temps d'égalité, où tout a disparu qui distinguât du manant le gentilhomme, il reste une barrière que vous ne sauriez me faire franchir : celle qui sépare les gens de bien d'avec les voleurs d'héritage !

**GÉROME.**

Ah! cette fois prenez garde ! vous venez de m'outrager, et je suis à bout de patience.

**PIERQUIN,**
*à Gérôme, en l'excitant.*

Mais oui, il nous insulte, le muscadin !

**GÉROME,**
*violemment à Pierquin.*

Pas un mot, toi, car après avoir réglé son compte, je verrai à te régler le tien.

**PIERQUIN.**

A moi!...

**LE CHEVALIER.**

Vos menaces ne sauraient m'émouvoir. Qu'avais-je donc fait, dites-moi, pour que vous m'ayez choisi, me jugeant à votre taille et digne d'être votre complice?... (*A Gérôme.*) Ai-je comme toi, dépositaire infidèle, livré mon maître et dépouillé sa fille ?

**GÉROME.**

Moi ! moi !...

*Furieux, il remonte et parcourt vivement la scène jusqu'à ce qu'il trouve sous sa main une hache accrochée à droite.*

**LE CHEVALIER,** *continuant.*

Ou comme toi, vieillard infâme, spéculé sur la trahison et fait fortune de rapine et d'usure ! Non !... Je me révolte enfin et déchire le pacte qui nous liait ensemble, je ne suis plus des vôtres !...

**GÉROME,**

*se précipite, la hache levée, sur le chevalier, qu'il terrasse.*

*À ce moment, Jeanne sort de sa chambre armée d'un fusil, et couchant en joue Gérôme et Pierquin, d'une voix éclatante.*

**JEANNE,**

Si vous touchez à cet homme, sur ma vie, je vous tue !

*Gérôme et Pierquin reculent; le chevalier se relève, considère Jeanne et se dirige vers la porte.*

**PIERQUIN,** *à l'extrême droite.*

Ah ! c'est comme ça... Eh bien ! son chevalier, je le dénonce. C'est un homme mort, foi de Pierquin !

FIN DU QUATRIÈME ACTE

# ACTE CINQUIÈME

Une boutique de marchande à la toilette au Palais Égalité. Grande porte vitrée au fond ouvrant sur le pavillon principal (Galerie d'Orléans) qui se développe en perspective De chaque côté une porte latérale et une sorte de comptoir surmonté d'une vitrine garnie de bijoux et d'objets d'art. A droite de la porte principale un canapé, sur lequel sont jetés des vêtements, robes et habits de cour. A droite et à gauche, près de la porte et devant les vitrines, des siéges ; une psyché.

—

## SCÈNE PREMIÈRE

BENOIT, AGÉSILAS, *monté sur une double échelle au dehors* ; FANCHON *assise dans la boutique. Dans le fond, par intervalles, s'arrêtant devant les magasins ou se promenant sous les arbres, des gens qui vont, viennent et animent le dernier plan.*

BENOIT, *sur le seuil.*

En v'là une enseigne !... A *la Carmagnole, Cornélie Floréal, marchande à la toilette, vend et achète les garde-robes.* C'est que c'est tapé tout de même... Et quelles lettres ! Quelles couleurs !... Pas moyen de passer sans les voir ; ça vous saute aux yeux, quoi !... *Pendant qu'Agésilas descend de son échelle en fredonnant un air du temps, Benoît vient à la porte du magasin et appelle.)* Hé ! Fanchon, viens donc par ici... Et reluque-moi un peu c'l'écriteau... c'est-y assez superbe, hein ?... Admire, Fanchon, admire...

FANCHON, *d'un ton d'admiration naïve.*

Ah ! ah...

*Elle court à l'échelle et en franchit quelques échelons comme pour voir l'enseigne de plus près.*

6.

BENOIT,

*la retenant par la jupe et la forçant de redescendre.*

Eh ben! eh ben!... Fanchon!... Qué que tu fais là ?
T'as donc piétiné sur la pudeur de ton sexe ?

FANCHON.

Tu me dis d'admirer, j'admire, quoi!

BENOIT, *ôtant l'échelle.*

Admire tant que t' voudras, mais pas d' là haut,
parce qu'autrement... autrement, quoi!

AGÉSILAS,

*venant à eux, tout en essuyant ses pinceaux, qu'il place
ensuite dans sa boîte à couleurs posée sur une chaise à
droite.*

Alors, tu penses que la citoyenne Floréal sera contente ?

BENOIT.

Je crois bien... avec c't' enseigne-là, elle est bien
sûre d'attirer la pratique et d'achalander son commerce.

AGÉSILAS.

C'est vrai, il n'y a pas longtemps qu'elle a loué cette
boutique ; mais la place est bonne, le *Palais-Égalité*
est l'endroit le plus fréquenté de Paris ; je gagerais
qu'elle y fera sa fortune.

BENOIT.

C'est-à-dire qu'elle l'augmentera, v'là tout, et c'est
dans c't' intention-là qu'elle nous a fait venir à Paris,
moi comme officieux, et Fanchon ici présente comme
fille de boutique... et v'là comment il se fait, citoyen,
qu'on t'a commandé c't' enseigne-là.

AGÉSILAS.

Avec les yeux de cette jolie fille de boutique, il ne
manquera point de chalands. Allons, au plaisir !...

*Il sort par le fond.*

BENOIT, *à part.*

O fatale beauté, fatale beauté! Dis donc, Fanchon,

il s'imaginait peut-être que j'allais lui narrer la vraie cause pourquoi que madame Jeanne est venue s'installer à Paris.

FANCHON.

La cause? Pardine! c'est pour être plus près du chevalier... A propos, a-t-on des nouvelles?

BENOIT, *se rapprochant*.

Toujours enfermé à la Conciergerie!... On dit que le jugement sera rendu aujourd'hui ou demain au plus tard... et que peut-être... Pourvu que notre bourgeoise ne sache pas ça!...

FANCHON.

Oh! mon Dieu! mon Dieu!... Pauvre M. de Gué-Briac!... Si ce malheur-là arrivait, la Jeanne deviendrait folle! Mais qui donc que ça peut bien être qui a dénoncé le chevalier?

BENOIT.

Qui?... Pardine! C'est ce damné Pierquin.

FANCHON.

Tu crois... A cause?...

BENOIT.

A cause qu'il y a eu, à ce qu'il paraît, d's histoires entr' eux, et que la présence du chevalier pouvait gêner le vieux scélérat... Alors...

FANCHON.

Ma foi, t'as p't'être deviné?... Silence, voilà la bourgeoise.

*Ils remontent vers le fond.*

## SCÈNE II

Les Mêmes, JEANNE, LA MAIGRIOTTE, *venant de la gauche. La Maigriotte est couverte d'une mante qui peut au besoin lui cacher la tête.*

JEANNE,
*continuant vivement une conversation précédemment engagée.*

Ainsi, tu es résolue à aller à ce rendez-vous mysté-rieux?

LA MAIGRIOTTE.

Oui, Jeanne... je le veux... je le dois.

JEANNE.

Prends garde... Paris est semé d'embûches... J'ai peur pour toi.

LA MAIGRIOTTE.

Mon devoir est tracé; ne me retiens pas...

JEANNE.

Attends encore... (*Elle la ramène un peu.*) Tout ce que tu viens de me dire m'inquiète. Là-bas, au fond de nos campagnes, un billet arrive qui te mande en toute hâte à Paris... Sans hésiter, t'informer, tu accours?...

LA MAIGRIOTTE.

Il s'agissait de la mémoire de mon père...

JEANNE.

Prétexte !

LA MAIGRIOTTE.

Le billet était signé d'un serviteur (*avec vivacité*) d'un ami fidèle...

JEANNE.

Pourquoi te reprendre? Est-ce que je te demande tes secrets? Tu en as pourtant. Mais cela te regarde seule. Et puis, dans ce moment, suis-je capable de penser à quoi que ce soit, en dehors de ce qui regarde René ! Seulement, il m'est bien permis de te supplier d'être prudente.

LA MAIGRIOTTE.

Je le serai. Rassure-toi. Ta main. Adieu.

JEANNE.

Va donc !... Au revoir !... Que Dieu veille sur toi !...
*Elle la laisse passer. La Maigriotte sort rapide-
ment après avoir caché sa tête sous le capuchon.
Jeanne, pensive, va lentement à gauche.*

## SCÈNE III

### BENOIT, FANCHON.

FANCHON.

Dis donc?

BENOIT

Quoi?

FANCHON.

As-tu vu?...

BENOIT.

Quoi? Mais quoi?

FANCHON

On aurait dit que c'était...

BENOIT.

La Maigriotte, pas vrai?...

FANCHON.

Juste... Taisons-nous... v'là du monde.


## SCÈNE IV

JEANNE *qui vient de reconduire la Maigriotte et qui est
assise, pensive, préoccupée, à gauche.* FANCHON *et*
BENOIT *à droite.* LA BRICOLE *entrant.*

BENOIT.

Ça du monde! Le père La Bricole!... Ah! bon, de
l'ancien monde, alors. Bonjour, vieux.

LA BRICOLE.

Bonjour, la jeunesse!

BENOIT.

Et ça roule-t-il, les affaires?

LA BRICOLE.

A la douce. Tout de même, j'en ai mon saoul.

BENOIT,

*L'aidant à se débarrasser du fardeau qu'il porte sur les épaules.*

Je crois ben. Vous en avez plein le dos, pas vrai?

LA BRICOLE.

Ouf! Merci, mon garçon. (*Allant à Jeanne; à demi-voix.*) Je crois que vous serez contente de moi aujour-d'hui, notre maîtresse.

JEANNE.

Ah! tu as appris quelque chose au sujet?...

LA BRICOLE,

*l'interrompant, et du regard désignant Benoit et Fanchon qui prêtent l'oreille.*

Moi? J'ai rien appris du tout. J'ai bricolé quelques habits. Je vous les rapporte et je vous réponds que c'est du soigné.

JEANNE.

C'est bien.. Prends cela, Benoit. (A *La Bricole*.) Combien as-tu déboursé ?

LA BRICOLE.

Cent livres.

JEANNE.

Fanchon, va chercher l'argent dans ma commode, voici la clé.

FANCHON, *en sortant.*

Oui... madame.

## SCÈNE V

### JEANNE *et* LA BRICOLE.

JEANNE,

*changeant de ton, dès que Fanchon est éloignée.*

Maintenant que nous sommes seuls, parlons vite... Le chevalier de Gué-Briac!... Ils ne l'ont pas tué, n'est-ce pas?...

LA BRICOLE.

Pas encore !

JEANNE.

Dieu soit loué !... Eh bien, alors, nos projets d'évasion ?

LA BRICOLE.

Tout est perdu de ce côté. On redouble de surveillance. Je n'ai plus qu'un espoir... Voici : il vient d'arriver de la province deux hommes, très influents au comité de salut public. Je suis connu de l'un d'eux particulièrement; parfois, j'accompagne chez lui un camarade des prisons chargé de soumettre à son inspection les habits provenant des exécutions, à preuve que pas plus tard que ce matin le délégué a vérifié les vêtements d'un ci-devant, nommé, de son vivant, le duc de Clergymont-Sombreuse.

JEANNE, *à part*.

Le duc !

LA BRICOLE.

Déjà, j'ai pu parler de vous à notre délégué. Je vais tâcher de l'amener. C'est l'heure où il traverse le jardin du Palais-Égalité pour se rendre au comité... S'il consent à entrer ici, à vous entendre, peut-être parviendrez-vous...

JEANNE.

J'ai compris... Combien faut-il lui offrir ?

LA BRICOLE.

Ah ! doucement... Et ne vous y trompez pas... s'il y a des consciences qui se vendent, il en est, dans la République, que l'on n'achète à aucun prix.

JEANNE.

Pardon, je n'ai voulu offenser personne. Il faut m'excuser... Je suis malheureuse et je souffre.. (*Voyant Fanchon qui revient.*) Silence.

FANCHON, *à la Bricole.*

Voilà l'argent.

LA BRICOLE.

Merci! (*A Jeanne.*) A bientôt, j'espère... Comptez sur moi...

JEANNE.

De ton coté, compte sur ma reconnaissance...
*Jeanne remonte avec La Bricole qui sort par le fond:*

LA BRICOLE.

A vous revoir, citoyenne.

## SCÈNE VI

### FANCHON, JEANNE.

FANCHON, *à Jeanne.*

Dites donc, not' maîtresse... Benoit dit qu'il a vu tout à l'heure rôdant près d'ici... Je vous le donne en mille... Non, vous ne trouveriez pas... Votre oncle Pierquin!

JEANNE, *avec agitation.*

Mon oncle Pierquin!... lui!... et que peut-il être venu faire à Paris?

FANCHON.

Pas une bonne action, bien sûr.

JEANNE.

Mais non! Ce n'est pas possible. Benoit s'est trompé.

FANCHON.

Faites excuse, not' maîtresse, paraît que c'était bien lui-même.

JEANNE.

Ah! il y a un danger... Je tremble... je ne sais pas pour qui... mais je tremble.
*Sur ces mots, on voit Pierquin qui paraît au fond.*

## SCÈNE VII

### JEANNE, FANCHON, PIERQUIN.

FANCHON, *qui l'a aperçu, bas à Jeanne.*

Tenez, le voici... (*Elle remonte un peu. Tandis que Pierquin examine au dehors, les yeux en l'air, un passant le heurte.*)

PIERQUIN, *brutalement.*

Eh! tonnerre!... Faites donc attention... Oh! là! là,
Ces Parisiens!... (*Fanchon rit aux éclats et Pierquin,
l'ayant examinée et reconnue.*) Tiens! c'est Fanchon...

FANCHON.

Mais oui donc!... Et ça va bien, vieux Pierquin?

PIERQUIN.

Comme tu vois, la Fanchon. Sais-tu que te v'là encore plus embellie, friponne! Pour lors, c'est donc
ici la boutique à la Jeanne?

FANCHON, *lui montrant Jeanne.*

Et la v'là en personne pour vous répondre.

*Elle se retire sur la droite, et assise sur une chaise
reprend son ouvrage.*

PIERQUIN.

Eh bé! oui... et tu ne me dis rien, toi?

JEANNE.

C'est que je suis toute surprise de vous voir, mon
oncle... Vous, à Paris!...

PIERQUIN.

Dame! j'aime la jeunesse, moi, et je me périssais
d'ennui là-bas. Si ben qu'un matin je me suis
dit : Faut aller voir un peu c' qui se passe à Paris, où
qu' s'en sont allées la Jeanne et la Fanchon... et jusqu'à c'te petite Maigriotte.

JEANNE, *inquiète.*

Ah! vous savez...

PIERQUIN,

*en se frottant les mains d'un air joyeux, tandis que
Jeanne, pleine d'anxiété, le regarde avec fixité et cherche à pénétrer le fond de sa pensée.*

Eh bé!... ça marche...

JEANNE,

*qui le devine, d'une voix sourde, d'un accent terrible et en
marchant sur lui, qu'elle fait reculer de deux pas.*

Qu'est-ce qui marche?

7.

PIERQUIN.

Eh bé !... quéqu' t'as donc? M'as-tu pas dit que tu serais contente d'être débarrassée de c'te Maigriotte, que le beau Gérôme t'a préférée ?

JEANNE, *à part*.

Grand Dieu!... (*Haut*) Et alors?... mais parlez, parlez donc..

PIERQUIN.

Eh bien! c'est moi qui l'ai fait venir à Paris.

JEANNE.

Vous! Comment?

PIERQUIN.

Par une petite rubrique de ma façon qui a réussi, oh! mais là, tout à fait.

JEANNE.

Quel était votre but?

PIERQUIN.

Mon but? Dame! C'était de te servir, et pis de me servir aussi un brin.

JEANNE.

Vous!... Je ne comprends pas.

PIERQUIN.

Fais pas l'innocente. Tu sais de reste ce que je veux dire.

JEANNE.

Non, foi de Jeanne!

PIERQUIN.

Allons donc! Tu n'ignores de rien, malicieuse.

JEANNE.

Moi?

PIERQUIN.

Espères-tu me faire accroire que tu es encore dupe des menteries de la Maigriotte?

JEANNE.

Quelles menteries?

PIERQUIN.

Une servante de ferme, elle? pstt! tu ne donnes plus
là-dedans, n'est-ce pas? Eh ben, ni moi non plus.

JÉANNE.

Ah! vous savez que la Maigriotte...

PIERQUIN.

Est une ci-devante, jarnibleu! la fille du duc de
Clergymont-Sombreuse... et il lui en cuira... à moins
que... J'ai mon idée... j'ai mon idée...

JEANNE.

Je gage que je la connais, votre idée...

PIERQUIN.

Toi? possible... Parle, pour que je voie si c'est bien
ça...

JEANNE.

C'est vous qui lui avez écrit le billet...

PIERQUIN.

Quel billet?...

JEANNE.

Ah !faites pas le malicieux à votre tour.

PIERQUIN.

Dis le premier mot, je dirai le second.

JEANNE.

Vous avez fait venir la Maigriotte à Paris en indiquant un rendez-vous... à... à...

PIERQUIN.

Tu ne sauras point l'endroit... Et tu voudrais bien le
savoir.

JEANNE.

Moi. Pourquoi faire?

PIERQUIN, *montrant Jeanne.*

Voyez comme elle est finaude, comme elle a du
vice ! Elle tient de cheux nous.

JEANNE.

Enfin, vous avez écrit ?

PIERQUIN.

Pas moi, pas moi, bien sûr, et pour cause.

JEANNE.

Eh! non... pas vous, ni en votre nom, mais au nom du vieux serviteur... le vieux serviteur...

PIERQUIN.

Elle brûle... elle y est...

JEANNE.

Puisque j'y suis, dites le reste vite et tout franchement.

PIERQUIN.

Eh bien, j'ai appris, par hasard, l'histoire de la Maigriotte, et au fond, je m'étais toujours méfié! Alors, j'ai imaginé de la faire venir à Paris, loin de son Gérôme... et de l'attirer dans un endroit à moi, où je pourrais causer un brin tranquillement avec la petite duchesse, à seule fin de prendre toutes mes sûretés au sujet du bien qui me vient de son père. Tu ne dois point blâmer ça, toi, car enfin, c'est pour ton héritage aussi que je travaille.

JEANNE, *l'interrompant avec dégoût:*

Continuez.

PIERQUIN.

Tu fais la dégoûtée!

JEANNE.

Enfin, si vous ne parveniez pas à vous... entendre avec la jeune fille?

PIERQUIN.

Dame!... Alors, je verrais à causer de cette affaire-là avec le comité de salut public...

JEANNE.

En lui dénonçant la cachette de la duchesse de Clergymont-Sombreuse...

PIERQUIN, *se frottant les mains*

C'est ça, c'est ça...

JEANNE, *s'oubliant et terrible.*

Absolument comme on a dénoncé le chevalier René de Gué-Briac, n'est-ce pas?

PIERQUIN, *surpris.*

Qu'est-ce qui te prend, la Jeanne?

JEANNE, *se remettant.*

Moi... rien !... mais rien !... (*A part.*) Ah ! le misérable!... (*Affectant de rire.*) Ah! ah! j'ai compris...

PIERQUIN.

C'est ben heureux; t'es contente, pas vrai?

JEANNE, *se contenant.*

Très contente...

PIERQUIN.

Ah! ça fait plaisir d' rendr' service aux gens.

JEANNE.

Mais vous ne partirez pas ainsi, mon oncle... sans passer au moins la journée avec votre nièce, votre Jeanne, qui vous aime, qui est heureuse de vous voir?...

PIERQUIN.

Qué qu' t'as donc? La journée! pas possible!... Et mon rendez-vous!... Les affaires sont les affaires.

JEANNE.

Oui, oui... Mais alors, un verre de vin seulement... Entrez là. Fanchon! Fanchon!...

PIERQUIN.

Un verre d' vin? C'est point de r'fus, et servi par Fanchon, c'est trop de félicité. (*A part.*) Avec ça que tout à l'heure... Allons, allons!... Il y a encore de beaux jours pour la France !. . *Il entre à gauche.*

## SCÈNE VIII

### JEANNE, FANCHON.

JEANNE, *vivement.*

Ecoute. Il ne faut pas que cet homme sorte de là avant ce soir; tu m'en réponds.

FANCHON.

Tout ce que vous voudrez, notre maîtresse.

JEANNE.

D'abord, tu vas le faire boire.

FANCHON.

Ça, c'est facile; mais c'est que quand il a bu, il est joliment entreprenant.

JEANNE.

Eh bien! tu te laisseras faire...

FANCHON.

Ah! mais... et Benoit? qu'est-ce qu'il dirait, c' garçon?

JEANNE.

Il est bien question de Benoit! Il s'agit... Ecoute, il s'agit de sauver la vie, peut-être plus que la vie, de quelqu'un que j'aime.

FANCHON.

Ah! c'est autre chose, alors, et pourvu qu'il n'aille pas trop loin, le vieux singe! Benoit dira tout ce qu'il voudra. On vous répond du prisonnier, notre maîtresse, on vous répond de lui. Je vas commencer par lui verser à boire et ferme, allez... Je n' vous dis que ça.

JEANNE.

Un mot encore : en le faisant causer, tu tâcheras d'apprendre le lieu de son rendez-vous avec la Maigriotte.

FANCHON.

Un rendez-vous avec la. .?

JEANNE.

Oui... Quand tu le sauras, tu t'échapperas un moment pour venir me le dire.

FANCHON.

Ah! le brigand!... je vas lui en fourrer jusqu'à ce qu'il en crève !

*Elle entre à gauche.*

## SCÈNE IX

### JEANNE *seule*

JEANNE.

A nous deux, mon oncle Pierquin!... A vous de faire
le mal, à moi de le réparer. Du courage, la Jeanne!...
du courage!... Quoi'qu'on en dise, je crois qu'il y a là-
haut quelqu'un qui vient en aide aux bons cœurs!...

## SCÈNE X

LA BRICOLE, JEANNE, *puis* GÉROME *et le conven-*
*tionnel* ARISTIDE DESTOURNELLES.

JEANNE, *à La Bricole.*

Eh bien?

LA BRICOLE.

De ces deux hommes qui viennent ensemble de ce
côté, l'un est tout-puissant. Je l'ai prévenu, il t'écoutera.

JEANNE.

Mais l'autre...? Je ne me trompe pas, l'autre, c'est...

LA BRICOLE.

Un délégué de la province, venu pour présenter son
rapport à la Convention.

JEANNE.

Eh!... l'autre, je te dis que c'est Gérome!

GÉROME, *qui s'est avancé.*

Jeanne!

LA BRICOLE, *au conventionnel.*

C'est elle!
*Il s'en va par le fond.*

ARISTIDE, *à Gérome.*

Tu connais la citoyenne?

GÉROME.

Oui, elle est du pays.

ARISTIDE.

On me dit que tu demandes une grâce, citoyenne?

JEANNE.

Je ne demande pas de grâce, je demande justice...
Des traîtres, des lâches ont dénoncé, fait arrêter et
mettre en accusation un innocent.

ARISTIDE.

Son nom?

JEANNE.

René de Gué-Briac!

ARISTIDE.

Un aristocrate!... un émigré!... Ignores-tu qu'il y a
peine de mort pour tous ceux qui rentrent en France?

JEANNE, *amèrement*.

Oui. Ne pouvant atteindre ceux qui sont sortis, on
frappe ceux qui reviennent. C'est grand, c'est géné-
reux... Ainsi, quand ces malheureux, las d'errer sans
ressources, sans foyer, sans famille, rentrent sans défiance comme sans défense, sur cette terre où ils sont
nés, qui les attire et qu'ils aiment, vous les saisissez,
vous les jetez en prison et vous faites pour eux, de leur
propre patrie, une implacable souricière!

ARISTIDE.

Sais-tu qu'il est bien hardi à toi de parler de la
sorte?

JEANNE.

C'est donc une bien grande hardiesse de dire la vérité?

ARISTIDE.

C'est parfois un péril... Il n'y a pas longtemps, ce me
semble, que tu es ici?... Qu'es-tu venue faire à Paris?

JEANNE.

Ce commerce, d'abord... Cornélie Floréal, marchande à la toilette... à ton service, citoyen.

ARISTIDE.

Ce commerce d'abord, dis-tu... Tu avoues donc que
tu as un autre dessein?

JEANNE.

Oui.

ARISTIDE.

Lequel?...

JEANNE.

Montrer du courage aux hommes qui n'en ont pas.
Faire un peu de bien, afin de servir d'exemple à d'autres qui font tant de mal... Ah ! je ne crains rien, ni
personne... Je suis du peuple, je m'en vante... Bonne
patriote, on le sait... J'ai fait mes preuves de civisme :
on me connaît... Je viens en aide à qui je peux et j'ai
porté mes bijoux sur l'autel de la patrie.

ARISTIDE.

Tu as fait ton devoir.

JEANNE.

Et rien que mon devoir, tu as raison; mais je demande [qu'à son tour la patrie fasse le sien : qu'elle
rende la liberté à un innocent. .

ARISTIDE.

Le tribunal le jugera.

JEANNE.

Tu railles, citoyen représentant. Tu sais bien que le
tribunal révolutionnaire ne juge pas : il condamne.
A-t-il jamais rendu ceux qu'il cite à comparaître devant lui ?

ARISTIDE.

C'est qu'ils étaient coupables.

JEANNE.

Mais tu ne vois donc pas que l'envoyer au tribunal,
c'est l'envoyer à la mort ! car votre justice s'appelle
guillotine et le justicier s'est fait bourreau !..... Ainsi,
voilà un homme qui n'a fait aucun mal, commis aucun
crime, qui n'a ni trahi, ni conspiré...... et sur une lâche
dénonciation, vous le condamnez à mort.... Où donc
est la sécurité des citoyens ?

ARISTIDE.

Au-dessus des citoyens, il y a la nation.

7.

**JEANNE.**

Au-dessus de la nation, il y a l'humanité ! Eh ! après tout, que me fait la nation, à moi ?... J'avais pour elle une tendresse d'enfant, un amour aveugle, un culte.... Je lui aurais tout donné, sans hésitation, sans regrets, et voilà comment elle me récompense de mes sacrifices, de mon dévouement !

**ARISTIDE.**

Ne doute jamais de la nation.

**JEANNE.**

Alors, qu'elle m'accorde ce que je lui demande. Je veux la liberté de cet homme ; je veux qu'on me le rende. Ce n'est pas une tête qu'on aura fauchée de plus qui rendra la nation plus puissante et plus glorieuse ; c'est une tête qu'on aura épargnée qui la fera généreuse et grande. Te faut-il une victime ? Me voici, je suis prête. Mais si, l'ayant condamné à mourir, vous me condamnez à lui survivre, vous entendrez les rugissements de la lionne...... Et s'il ne reste en France qu'une seule âme libre et fière, défiant ses bourreaux et bravant la mort, je serai celle-là. S'il ne s'élève qu'une voix pour vous crier : « Assassins ! » cette voix sera la mienne !....

**ARISTIDE.**

Rends grâces à ceux qui ont témoigné de ton patriotisme, car voilà des paroles qui pourraient te coûter la vie.

**JEANNE,** *avec un amer dédain.*

Si tu crois que j'y tiens, à ma vie ! En veux-tu pour la sienne ? Mais parle donc, toi, Gérôme ?

**GÉROME,** *sombre.*

La loi est inflexible pour les aristocrates.

**JEANNE.**

Ah ! c'est ainsi ! Eh bien ! mettez-vous donc tous contre lui !.... Qu'importe !.... seule, je le défendrai.... Ecoute, toi, ce que j'ai à te dire. La Maigriotte est à Paris.

GÉROME, *très agité.*

Tu l'as vue, tu lui as parlé?

JEANNE.

Je l'ai vue et je lui ai parlé. Ecoute encore. Elle était ici, à cette place, il y a une heure. En me quittant, elle est tombée dans un piége que lui tendait Pierquin.

GÉROME.

Pierquin! Ah! le misérable! Jeanne! Jeanne, ce piége, tu le connais?

JEANNE.

Ah! tu trembles à ton tour. Eh bien! oui, je le connais..... Rends-moi le chevalier, je te rendrai la Maigriotte. Tête pour tête!

GÉROME.

Ah! Jeanne, Jeanne!.... Je sais que rien de ce que je pourrais te dire ne saurait t'émouvoir. Tu as deviné mon amour et je ne m'en défendrai pas. —Oui, j'aime cette enfant, je l'aime, entends-tu bien! Et tu as inventé ce piége afin de m'arracher la liberté de ton amant; mais existât-il et fût-elle réellement en danger, tu me verrais encore inflexible et ferme, prêt à sacrifier mon amour à mon devoir.

*A Jeanne qui fait un mouvement de sortie.*
Jeanne, où vas-tu?

JEANNE.

Où? Je vais dénoncer la duchesse de Clergymont-Sombreuse!

GÉROME.

La duchesse!

ARISTIDE.

Clergymont-Sombreuse.... Serait-ce?

JEANNE.

C'est le véritable nom de celle qui se faisait appeler la Maigriotte! (*Au conventionnel.*) Vous en aurez la preuve, citoyen. J'irai aussi accuser le tribun, l'incorruptible Gérôme, d'avoir donné asile, dans sa propre demeure, à une aristocrate, et de l'y avoir tenue cachée sous un nom d'emprunt et sous des vêtements de servante.

GÉROME.

Duchesse de Clergymont-Sombreuse ! Non, non, ce n'est pas vrai !

JEANNE.

Ici même, tout à l'heure, je l'ai appris ; j'en fais serment !

GÉROME.

Elle ! Elle !.... Ah ! malheur sur moi !

JEANNE.

Ah ! tu as juré de faire tomber la tête de tous les aristocrates, toi !.... Eh bien ! commence donc par la tête de celle que tu aimes. Tu iras ensuite la demander au bourreau.

ARISTIDE.

Gérôme, ce que vient de dire cette femme, est-ce vrai ? Songe que tu auras à rendre compte de ta conduite au comité de salut public. Cette jeune fille, l'avais-tu recueillie chez toi ?

GÉROME, *après un silence.*

Oui, c'est vrai.

ARISTIDE.

Alors, pour que ton civisme ne puisse être suspecté, tu iras, toi-même, la livrer au tribunal.

GÉROME.

Moi ?.... moi ?....

ARISTIDE.

Tu hésites ?

GÉROME.

Mais c'est une enfant, une enfant innocente et pure !

JEANNE.

Et tu l'aimes, n'est-ce pas? Eh bien! et lui? est-ce
que je ne l'aime pas, moi? Je t'avais dit: tête pour tête,
Gérôme! Ai-je tenu parole?

GÉROME.

Ah! c'est trop, maintenant, c'est trop, et vous me
rendrez fou! Je ne peux rien, moi, pour ton amant,
et je ne lui veux point de mal! Mais toi, que t'a fait la
Maigriotte, pour que tu la poursuives de ton implacable vengeance?... N'avais-tu pas juré de la protéger,
de la défendre au besoin? Et c'est toi, toi!.... qui la
dénoncerais! Non! non, c'est impossible! (*A Aristide.*)
Et toi, je t'en conjure, n'exige pas sa mort. Que mon
dévouement à la patrie obtienne grâce pour cette
enfant! Il y a une armée à la frontière; qu'on m'y
place au poste le plus périlleux, qu'on m'envoie le
premier au-devant des balles de l'ennemi; qu'on me
fusille, enfin, si je reviens sans un drapeau. Mais
cette enfant, épargne-la! épargne-la!

JEANNE.

Ah! ton cœur a donc trouvé des larmes!

GÉROME, *à Aristide.*

Et maintenant, parle. — Ordonne, j'obéirai. —
Qu'exiges-tu?

ARISTIDE.

Que tu retournes, sans crainte, dans ta province;
que tu continues de servir la patrie. La nation a besoin
de tous les dévouements, et je sais qu'on peut compter
sur le tien.

GÉROME, *au conventionnel.*

Mais elle?.... Elle?....

ARISTIDE.

Fie-toi à moi. Prends courage et souviens-toi des
paroles de Danton: « Il ne faut pas confondre l'innocent avec le coupable, et nous ne devons frapper que
des coups utiles à la République. »

**GÉROME**, *serrant la main d'Aristide.*

Ah ! je te devrai plus que la vie... Mais elle ! elle !..

**JEANNE.**

Maintenant, je te la rendrai.

**GÉROME.**

Hâtez-vous.... Si vous arriviez trop tard !

**JEANNE.**

Il n'y a rien à redouter, tant que mon digne oncle Pierquin ne sortira pas d'ici. Veille sur lui jusqu'à mon retour... Et lui, le reverrai-je bientôt ?

**ARISTIDE.**

A l'instant.

*Elle sort avec Aristide.*

**GÉROME.**

Pierquin ici ? Ah ! je devine.... Le misérable nous trahissait tous.... J'en ferai justice..... Il ne faut, dans nos rangs, ni larrons ni voleurs ! La République veut des hommes vertueux ! Es-tu content de moi, mon père ?.... Et toi, duc ! dont l'esprit plane en ce moment peut-être au-dessus de nos têtes, je peux t'évoquer sans crainte. Je vais rendre à l'héritière de ton nom ses richesses et son domaine ; nous verrons après si ma loyauté ne vaut pas ton blason !... Mais ce misérable ne viendra donc pas ! Le voici !


## SCÈNE XI

GÉROME, PIERQUIN, *puis* ARISTIDE DESTOUR-
NELLES, LE CHEVALIER.

PIERQUIN *fait quelques pas en scène en chancelant
un peu.*

Gueux de petit vin ! J'aurai ben de la peine à retrouver ma route.

**GÉROME.**

Pierquin ! Où vas-tu ?

PIERQUIN.

Ça ne te regarde point. — Au fait, qué' que tu fais ici, toi ?

GÉROME.

Je t'attendais.

PIERQUIN.

Tu m'attendais, moi ?.... J' crois p'utôt qu' c'est qué-qu'aristocrate avec qui on dit qu' tu pactises.

GÉROME.

Voilà un « on » qui me fait l'effet de s'appeler Pierquin.

PIERQUIN, *hypocritement.*

Moi !... Ah ! comme tu me parles, à moi !... ton ami... ton associé.

GÉROME.

Pourquoi pas ton complice ?... Ton ami !... ton associé !... Tiens, plutôt que d'être ce que tu dis, j'aimerais mieux être le chien qui tourne la roue de mon moulin.

PIERQUIN.

T'es point gracieux. Dans quoi donc que t'as bu, mon garçon ?

GÉROME.

Dans ton verre, probablement, et j'aurai trouvé du fiel au fond.

PIERQUIN.

Ah ! c'est ainsi que tu me traites, à c't' heure ? Eh bé ! tu pourrais ben te r'pentir de t'être séparé de moi.

GÉROME.

Tu m'inspires plus de dégoût que de crainte... Je te le dis, Pierquin, tout est fini entre nous, bien fini.

PIERQUIN.

Ni ben fini, ni mal fini, Gérome. Tu ne connais point Pierquin. Quand on a commencé avec lui, on ne finit que quand il veut et comme il veut.

GÉROME.

Vil gredin ! je te prouverai qu'à ton tour tu ne connais pas Gérôme.

PIERQUIN.

Ah ! tu t' démasques donc ! Tu t' tournes contre moi... Eh ben ! tu es un faux frère ; mais tu ne trahiras plus personne !...

*Il tire un pistolet de sa ceinture et le dirige contre Gérome. Celui-ci saisit Pierquin et le jette à genoux.*

GÉROME.

Misérable !

PIERQUIN, *se relevant.*

Lâche-moi ! lâche-moi ! Hé bé ! Mais qu'est-ce que tu veux, à la fin ? Parle !....

GÉROME.

Tu l'apprendras devant Jeanne.

PIERQUIN.

La Jeanne ! Eh bé ! quéqu' ça me fait, à moi ?

GÉROME.

Jeanne, dont tu es le tuteur et que tu as frustrée, dépouillée...

PIERQUIN.

J' l'ai fustrée, moi !... c'est faux ! j'dis qu' c'est faux. J' suis prêt à lui rend' des comptes.

GÉRÔME.

C'est ce que tu feras aujourd'hui même, j'en réponds. Tu vas rendre tout ce que tu as volé : à Jeanne, à ce malheureux paysans que tu as pressurés ; tu vas enfi remettre la duchesse en possession de tous ses biens.

PIERQUIN,
*dont l'attitude et l'air contrit ont disparu à ces derniers mots et qui a retrouvé son impudent aplomb.*

Ouais ! Vas-tu me prouver aussi que l'acte de vent n'est pas ben en règle ? Si tu peux me prouver ça, j rends tout, foi d' Pierquin... Sinon, tu m'arrachera

plus facilement la peau qu' ma renonciation! Ah!
parce qu'aujourd'hui tu pactises avec les aristocrates,
faudrait se dépouiller pour leu' bon plaisir! Ah! mais
non, Pierquin n'est point un nigaud. Ah! vous prenez
avec moi des grands airs et m' faites des menaces...
Eh bé! j'en ai pas tant à vous dire... Et malgré toi,
je m'en retourne au château, où je suis le maître, car
je suis libre d'aller où je veux, et le château, il m'appartient!

ARISTIDE,

*paraissant au fond, suivi de Jeanne et de la Maigriotte.*

Tu en as menti, Pierquin! Le château n'est pas à toi
— tu l'as volé!

## SCÈNE XII

Les Précédents, JEANNE, LA MAIGRIOTTE
*puis* FANCHON.

PIERQUIN.

Tout ça, c'est des mots. . J' veux des preuves.

ARISTIDE.

En voici!...

PIERQUIN.

Qu'est-ce que c'est qu' ça?

ARISTIDE.

Un *fidéicommis* trouvé dans la doublure de l'habit
d'un gentilhomme frappé par la loi. Vous n'êtes
point sans connaître la signature du vieux Gérôme.
Regardez! ... Est-ce bien cela?... ( *Mouvement de
Pierquin qui fait un geste pour s'emparer du papier.*) Ne
touchez pas!

GÉRÔME, *à qui Aristide a remis l'acte.*

La signature de mon pauvre père !

PIERQUIN.

Oh! ma tête!... Mais ça ne se passera pas de cette

façon-là. (A *Aristide en désignant la Maigriotte*). Et pour commencer, toi, il faut que tu mettes la main sur elle, puisque c'est une duchesse et qu'elle l'avoue.

JEANNE.

Vous faites erreur, mon oncle. S'il y a du danger pour la duchesse de Clergymont-Sombreuse à rester en France, il ne saurait y en avoir pour la citoyenne Gérôme.

PIERQUIN,
*tombant accablé sur un siége à droite, Fanchon est du même côté et se penche vers lui.*

Oh! mon Dieu! mon Dieu! mon argent.... mon pauvre argent perdu... perdu... J'en.... j'en meurs... Ah! ah! elle l'a dit... Je deviens... je deviens fou! Ah ! ah!

GÉROME.

Qu'avez-vous dit, Jeanne?

LA MAIGRIOTTE.

Elle dit que le nom d'un honnête homme vaut bien un titre de noblesse. Le domaine de Sombreuse n'est plus à moi; il devient bien national; et je vous charge d'en informer la Convention.. La duchesse de Sombreuse a disparu: il ne reste plus ici que la Maigriotte, qui vous prie de la reconduire à votre ferme, pour y être, à votre choix, votre servante ou votre femme.

GÉROME.

Oh! brave cœur !...

JEANNE.

Et moi, que vais-je devenir?

LE CHEVALIER,
*venant à elle et lui prenant la main.*

Comptez sur moi, je vous engage ma parole... Mais on se bat à la frontière, et le devoir d'un gentilhomme est de servir son pays; je partirai demain pour m'enrôler comme volontaire dans l'un des régiments que commande le général Marceau.

ARISTIDE.

Nous nous retrouverons sur un champ de bataille, monsieur de Gué-Briac; il est beau, quand la patrie est en danger, de voir tous les partis se confondre pour concourir au salut de la nation.

GÉROME.

Comment, chevalier, vous, un gentilhomme! vous allez prendre du service dans les armées de la République?

LE CHEVALIER.

République ou royaume, c'est toujours la patrie !

JEANNE.

Et cette patrie, c'est la France !.... Vive la France !

Vive la République !

FIN

---

PARIS. — TYPOGRAPHIE ALCAN-LÉVY, RUE LAFAYETTE, 61

9 782019 952570